LE PRÉSENT
DU PASSÉ

YVES COPPENS

LE PRÉSENT DU PASSÉ

L'actualité de l'histoire de l'homme

Odile Jacob

15, RUE SOUFFLOT, 75005 PARIS

www.odilejacob.fr

www.france-info.com

ISBN : 978-2-7381-1112-8

À Martine et Quentin,
plein de petites histoires de « pour depuis[1] ».

1. « Pour depuis ! » exprime, en Afrique noire, l'immense antiquité de certaines choses et s'accompagne souvent d'un geste de la main par-dessus l'épaule du même côté, geste désignant la profondeur du temps (forcément derrière soi !...).

Avant-propos

Voici le livre que j'ai rédigé à partir de cent neuf nouvelles, inspirées des chroniques que j'ai prononcées sur France Info du 14 juillet 2003 au 15 août 2005. J'ai essayé de montrer que l'archéologie, la préhistoire et l'histoire permettaient de faire une lecture nouvelle de l'actualité. Antiquité et actualité sont donc ici conciliées. Il est amusant de constater que cet enchaînement raconte sans graves lacunes (c'est évidemment une façon excessive de parler d'une certaine continuité) les dix derniers millions d'années de l'histoire de l'homme, des préhumains aux Vikings et autres Wisigoths, en passant par toutes les étapes, ou presque, de notre histoire, de la filiation préhumains-humains et du déploiement de ces humains sur la planète au changement d'économie de l'humanité et à son ascension vers la découverte des métaux, la première architecture monumentale, l'invention de l'écriture et l'émergence des grandes cultures. Il était difficile dans ce format d'illustrer des sujets aussi éloignés. Des échelles ont cependant été introduites de temps en temps entre les textes.

Je suis le seul auteur de la recherche de ces chroniques, de leur choix et de leur écriture ; j'en assume, par suite, la totale responsabilité. Comme les œufs, elles ont été pondues un jour et, se devant de rester fraîches, elles ont été livrées le jour même ou quelques jours après. C'est la raison pour laquelle les textes sont millésimés.

J'ai eu beaucoup de plaisir à rechercher ces actualités, à les travailler, à en faire des synthèses et à en tirer les deux minutes et demie qui me paraissaient essentielles – description ou réflexion – et j'en remercie vivement ceux qui en ont eu à la fois l'idée et l'idée de me les confier ; je remercie aussi celles et ceux qui ont bien voulu m'offrir de leur précieux temps – et de leur patience. Je remercie aussi, bien sûr, les éditions Odile Jacob et Odile, personnellement, pour m'avoir encouragé à en faire un livre. Je remercie Michel Polacco et Patrick Roger, actuel directeur de l'antenne de Radio France depuis 2007, d'avoir bien voulu offrir leur parrainage à l'entreprise.

Merci enfin à Monique Tersis et Anaïs Besnard-Statian d'avoir accepté de saisir ces textes ; merci dans la même foulée à Fabrice Deméter qui a mis en ordre la bibliographie et réalisé les tableaux que j'avais esquissés, à Marie-Lorraine Colas, Claudine Roth-Islert, Dominique Renoux aux Éditions Odile Jacob, qui ont su régner, respectivement, sur le texte, les échelles, la mise en pages et la couverture.

Préambule

QUELQUES TRÈS VIEUX MAMMIFÈRES

Les hommes sont des mammifères après tout, et nous allons donc nous octroyer une importante plongée dans le temps pour raconter une histoire peu banale[1].

Nous sommes il y a 130 millions d'années, en Chine, dans la province de Liaoning. Il y a des dinosaures partout, mais aussi des mammifères, ovipares, qui sont là depuis une centaine de millions d'années déjà.

On pense en général que les dinosaures sont gros, mais il y en a de petits ; on pense aussi que les mammifères qui leur sont contemporains sont petits, mais il y en a de moins petits. Voilà une partie de l'histoire que je veux vous raconter ici. L'équilibre n'en est pas inversé, mais tout de même...

Les deux mammifères dont on doit la présentation à Yaoming Hu[2] appartiennent au genre *Repeno-*

1. Chronique du 7 février 2005. Rappelons qu'elle s'appelle « Histoire d'homme » !

2. Hu Y., Meng J., Wang Y. et Li C., 2005, « Large Mesozoic mammals fed on young dinosaurs », *Nature*, 433, p. 149-152.

mamus. L'un d'eux était déjà bien connu : c'est *Repenomamus robustus ;* il mesure 60 centimètres de long et pèse 4 à 6 kilos, ce qui lui fait à peu près la taille d'un de nos chats. L'autre est plus nouveau, c'est *Repenomamus giganticus* ; il mesure 1 mètre de long et pèse 13 à 14 kilos, ce qui lui fait donc à peu près la taille d'un de nos chiens. Ce qui est nouveau aussi, c'est la découverte, superbe, à l'emplacement de l'estomac d'un *Repenomamus robustus*, des restes d'un squelette de dinosaure. Bien sûr, il ne s'agit pas d'un diplodocus ni d'un tyrannosaure, mais d'un jeune *Psittacosaurus* de 13 à 14 centimètres de long, d'un modeste petit dinosaure bipède donc, mais qui, adulte, peut tout de même atteindre 1,80 mètre. La pièce fossile de *Repenomamus* et de son gibier, merveilleusement conservée, a été, d'ailleurs, signalons-le, merveilleusement dégagée de sa gangue de sédiments.

Voilà donc la preuve flagrante que de petits mammifères carnivores, opportunistes – mais pourquoi auraient-ils boudé la chair de reptile qui passait à leur portée ? – consommaient de la viande fraîche de dinosaure. Cette découverte est une sorte de découverte-symbole, c'est la revanche des mammifères que nous sommes sur les dinosaures. Nous gardions jusqu'alors le profil bas devant les maîtres du monde ; nous pouvons aujourd'hui avoir la tête haute, au moins entre 130 et 65 millions d'années, date de la disparition de ces grosses bêtes. Mais qu'on n'aille pas

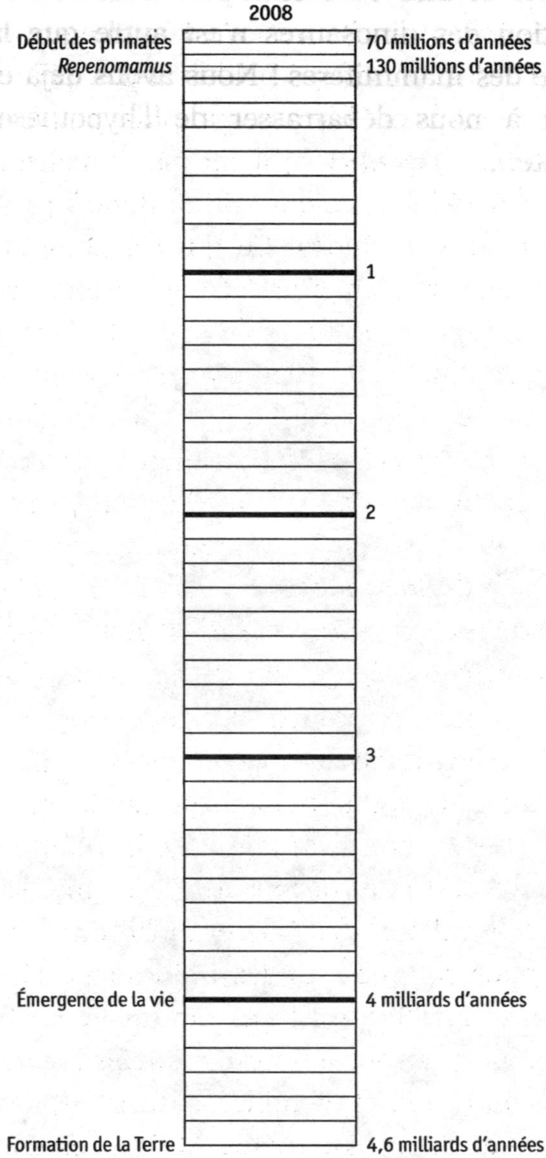
2008
Début des primates
70 millions d'années
Repenomamus
130 millions d'années
1
2
3
Émergence de la vie
4 milliards d'années
Formation de la Terre
4,6 milliards d'années

extrapoler et dire ou même penser que la cause de l'extinction des dinosaures n'est autre que la gourmandise des mammifères ! Nous avons déjà eu assez de mal à nous débarrasser de l'hypothèse de la météorite...

Introduction

QUELQUES VIEUX PRIMATES

L'Afrique et l'Asie il y a 50 millions d'années[1]

On en sait plus, grâce à John Kappelman, de l'Université d'Austin, Texas, et à 21 collaborateurs, dont Sevket Sén du Muséum national d'histoire naturelle, sur une partie de la faune au nord-ouest de l'Éthiopie pendant l'Oligocène[2]. Cette faune comprend plusieurs hyracoïdes, que l'on appelle aussi damans et qui ressemblent à de gros rats, plusieurs proboscidiens, ou bêtes à trompe, vieux parents, plus ou moins proches, des éléphants d'aujourd'hui, et des arsinoïthères, curieux grands mammifères à cornes

1. Chronique du 2 février 2004.

2. Kappelman J., Tab Rasmussen D., Sanders W. J., Feseha M., Bown T., Copeland P., Crabaugh J., Fleagle J., Glantz M., Gordon A., Jacobs B., Maga M., Muldoon K., Pan A., Pyne L., Richmond B., Ryan T., Seiffert E. R., Sen S., Todd L., Wiemann M. C. et Winkler A., 2003, « Oligocene mammals from Ethiopia and faunal exchange between Afro-Arabia and Eurasia », *Nature*, 426, p. 549-552.

impaires – on peut en voir un crâne à la galerie de paléontologie du Muséum de Paris.

Ce site, nommé Chilga, n'a pas encore livré de primates, mais on espère en découvrir lors de prochaines fouilles. La période géologique qu'il illustre, l'Oligocène, est particulièrement intéressante pour notre histoire : c'est, en effet, avec celle qui la précède, l'Éocène, la période qui nous révèle l'origine des primates supérieurs auxquels nous appartenons. Les plus anciens connus à ce jour, Eosimias, 45 millions d'années, et Bahinia, 40 millions d'années, sont chinois et birman. À partir de ces formes se développe en Asie un brillant « bouquet » d'animaux – *Amphipithecus, Pondaungia, Siamopithecus* – que l'équipe de Jean-Jacques Jaeger de Montpellier a beaucoup contribué à faire connaître.

Mais, pendant ce temps, sur le continent arabo-africain se développe aussi, avec *Algeripithecus* et *Tabelia* en Algérie, *Parapithecus, Qatrania* et *Apidium* en Égypte, *Omanodon* et *Moeripithecus* en Oman, une généreuse floraison de primates qui pourraient bien être à la fois à l'origine de tous les singes d'Amérique du Sud (lesquels seraient donc passés d'Afrique en Amérique sur des bois flottés à travers un océan Atlantique sud d'un bon millier de kilomètres) et, sur le continent africain lui-même, la mer Rouge venant de s'ouvrir et de séparer l'Arabie de l'Afrique, à l'origine des préhumains et des humains.

Le rapport entre les formes asiatiques et les formes arabo-africaines n'est toujours pas clair actuellement. S'agit-il d'évolutions parallèles, ce qui est possible, ou d'une ou de plusieurs filiations rattachant les deux inflorescences entre elles ? Reste encore, si tel est le cas, à définir à quel niveau se situe ce rattachement...

L'Espagne il y a 13 millions d'années[1]

Avant de traiter d'une découverte paléontologique, il convient de prendre en compte différents facteurs : le temps, l'espace et la morphologie, je veux dire l'âge géologique du sédiment dans lequel la découverte a été faite ; la situation géographique, climatique, environnementale de la région à l'époque considérée ; l'endroit d'où cette découverte provient ; enfin, bien sûr, le stade évolutif atteint par le fossile recueilli.

Des collègues espagnols, conduits par Salvador Moyà-Solà de Barcelone, viennent de faire connaître un nouveau grand singe qu'ils ont appelé *Pierolapithecus catalaunicus*[2]. Il s'agit d'une belle bête de

1. Chronique du 6 décembre 2004.

2. Moyà-Solà S., Köler M., Alba D. M., Casanovas-Vilar I. et Galindo J., 2004, « *Pierolapithecus catalaunicus,* a new Middle Miocene Great Ape from Spain », *Science,* 306, p. 1339-1344.

30 à 40 kilos, vieille de 12,5 millions à 13 millions d'années ; elle provient d'un site fossilifère catalan proche de Barcelone et son anatomie la place parmi les hominoïdés. On peut la situer après la divergence des gibbons, mais avant celle des orangs-outans, des gorilles et, à plus forte raison, celle, commune, des chimpanzés et des hommes. Les hominoïdés ont une origine beaucoup plus ancienne que 13 millions d'années et il est probable que cette origine est africaine. Ces hominoïdés africains se seraient déployés à travers l'Eurasie il y a 17-18 millions d'années, quand la plaque arabo-africaine, précédemment insulaire, est entrée en contact avec la plaque eurasiatique, fermant la mer Téthys, qui faisait communiquer la Méditerranée et l'océan Indien, et permettant le passage d'un continent à l'autre. Il n'est donc pas anormal que *Pierolapithecus* soit espagnol et que son âge soit inférieur à 18 millions d'années.

Le mélange très intéressant de ses caractères – main courte de petit singe, large thorax, omoplate en situation postérieure, région lombaire rigide et poignet souple de grand singe – évoque, quant à lui, un animal au tronc redressé. D'où la proposition des collègues espagnols de situer *Pierolapithecus* près du dernier ancêtre commun des grands singes et des hommes.

Certes, il s'agit d'une découverte importante, d'un maillon de plus dans les chaînes généalogiques de

QUELQUES VIEUX PRIMATES

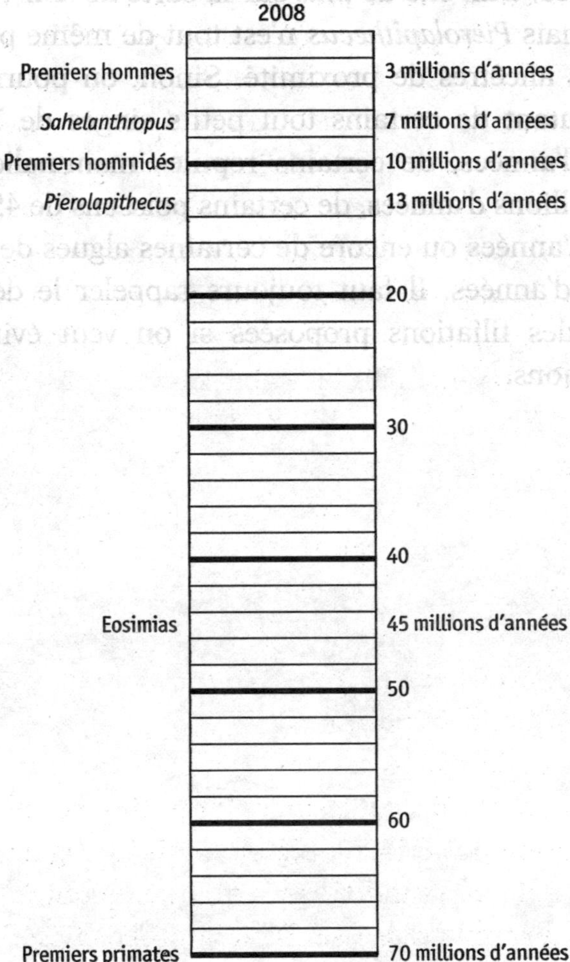

primates, d'un site de plus sur la carte de leur répartition, mais *Pierolapithecus* n'est tout de même pas l'un de nos ancêtres de proximité. Sinon, on pourrait en dire autant de certains tout petits singes de 70 millions d'années, de certains reptiles mammaliens de 250 millions d'années, de certains poissons de 450 millions d'années ou encore de certaines algues de 4 milliards d'années. Il faut toujours rappeler le déroulement des filiations proposées si on veut éviter les confusions.

Chapitre 1

PRIMATES ET PRÉHUMAINS

Les premiers hominidés[1]

L'Académie des sciences de l'Institut de France publie désormais une édition spéciale de ses comptes rendus entièrement consacrée à la paléontologie et à la préhistoire – l'édition se nomme *Palevol*, abréviation pour « Paléontologie et Évolution[2] ». Le dernier *Palevol* est consacré aux premiers hominidés ; par le truchement de quelques fossiles célèbres, il traite de leurs prédécesseurs et des grands chapitres de leur évolution. On y trouve ainsi *Pondaungia*, ou l'origine asiatique possible des ancêtres des hominidés, *Ouranopithecus*, le dernier embranchement à l'origine des hominidés, et puis Toumaï, *Orrorin*, *Ardipithecus* et *Australopithecus*, les plus anciens hominidés en personne.

1. Chronique du 13 septembre 2004.

2. Coppens Y. et Brunet M. (éd.), 2004, « Les premiers hominidés », *Palevol*, t. 3, fasc. 4, juillet 2004, p. 239-351. Riche de dix articles d'auteurs de dix nationalités différentes, ce fascicule d'une centaine de pages est un recueil de communications rédigées pour ce numéro.

On mesure ici le trajet parcouru par la paléo-anthropologie, ou science de l'évolution de l'homme, depuis quelques dizaines d'années ! Lorsque j'ai découvert au Tchad, en 1961, *Tchadanthropus uxoris*, figuré en couverture de ce fascicule face à Toumaï, découvert, lui, en 2001 dans le même pays, ni *Ouranopithecus*, ni *Sahelanthropus*, ni *Orrorin*, ni *Ardipithecus* n'étaient connus, sans parler du calendrier de leur émergence. Le chemin n'est sans doute pas totalement dégagé, mais on peut tout de même dire que les routes de la généalogie de l'homme sont désormais mieux jalonnées et, par suite, mieux tracées, même s'il reste encore des choix d'itinéraires à faire. Signalons à cet égard l'importante participation française en Thaïlande, au Myanmar, en Oman, en Namibie, en Afrique du Sud, au Kenya, en Éthiopie, au Tchad, en Grèce…

À partir d'une origine éocène (45 millions d'années) peut-être asiatique, il semble que deux routes parallèles se soient présentées, la route asiatique et la route arabo-africaine. C'est de la seconde que serait issu le dernier segment porteur du bouquet tropical et africain d'hominidés qui a peuplé les dix derniers millions d'années de notre histoire et d'où serait sorti, il y a 3 millions d'années, le genre *Homo*, le genre humain.

L'Afrique, berceau de l'humanité[1]

Plus les recherches progressent, mieux l'Afrique s'installe dans son rôle glorieux de berceau de l'humanité. La vie est apparue sur la Terre il y a 4 milliards d'années ; elle s'est depuis épanouie à travers la planète entière sous la forme d'un seul immense arbre généalogique que l'on appelle phylétique, parce qu'il est fait d'espèces au lieu d'individus.

Dans cette perspective évolutionniste, il est clair que les êtres vivants les plus proches morphologiquement et moléculairement sont aussi les plus proches génétiquement : ils partagent donc des ancêtres communs. Comme dans la nature actuelle, ce sont incontestablement les chimpanzés qui sont les êtres vivants les plus proches des hommes, les chimpanzés et les hommes ne peuvent pas ne pas avoir eu d'ancêtres communs. Comme les chimpanzés sont des grands singes d'Afrique et que tous les préhumains sans exception sont africains, il ne fait guère de doute non plus que ces ancêtres communs aient été africains

1. Chronique du 20 octobre 2003. Les « Rendez-vous de l'histoire » de Blois avaient, en octobre 2003, pris l'Afrique pour thème (Collectif, 2004, *L'Afrique. Les rendez-vous de l'histoire, Blois 2003,* Nantes, Pleins Feux éditeur, « Études », 113 p.).

(certains fossiles, soupçonnés d'en être, auraient autour de 10 millions d'années).

Et puis, juste après, a lieu le « grand carrefour sacré », le grand embranchement qui, d'un côté, mène aux chimpanzés d'aujourd'hui, espiègles et sûrement intelligents et, de l'autre, conduit aux hommes, conscients et dotés de facettes qui n'appartiennent qu'à eux – les facettes intellectuelle, spirituelle, morale, mais aussi éthique, esthétique ou technologique.

Pourquoi les uns et les autres se séparent-ils ? Sûrement pour des raisons simples et très probablement environnementales, parce que les uns sont mieux adaptés au couvert arboré et les autres au découvert de la savane (nous). Alors, de ce côté-là, du nôtre, va fleurir, entre 9,5 et 1,5 millions d'années, un généreux bouquet d'une quinzaine de préhumains, tous tropicaux et africains, bouquet dont chaque découverte de nouvelle inflorescence provoque l'étonnement de certains, alors qu'elle est tout à fait naturelle et attendue. C'est, en vérité, la présence, quelques centaines de milliers d'années plus tard, d'un seul genre, le genre *Homo*, d'une seule espèce, l'espèce *sapiens*, et d'une seule sous-espèce, la race *sapiens sapiens*, qui est anormale. Redisons-le donc avec insistance : l'Homme a incontestablement une origine unique, tropicale et africaine. Avant d'être devenus européens, asiatiques ou américains, nous étions, incontestablement, tous africains.

Toumaï, premier hominidé[1]

Deux articles nouveaux concernent Toumaï, cet hominidé de 7 millions d'années du Tchad. L'un est de Christophe Zollikofer de l'Institut d'anthropologie de Zurich, l'autre de Michel Brunet de l'université de Poitiers[2]. Le premier dresse le bilan de l'étonnante reconstruction virtuelle du crâne de Toumaï : un scan tomographique informatisé de très haute résolution a, en effet, permis à ce chercheur et son équipe de fabriquer une représentation numérique du crâne qui est évidemment celle qui a servi à le démonter, le nettoyer et le reconstruire virtuellement de manière à en corriger les fractures, les déplacements, les distorsions et les déformations plastiques diverses. Quant au second article, il décrit quelques nouvelles pièces (mandibules et dents), découvertes à l'endroit même où a été recueilli le crâne et attribuées, par suite, au même hominidé.

En dehors du côté extrêmement impressionnant, puisque magique, de la reconstruction du crâne et de

1. Chronique du 25 avril 2005.

2. Zollikofer C. P. E., Ponce de Leon M., Lieberman D. E., Guy F., Pilbeam D., Likius A., Mackaye H. T., Vignaud P. et Brunet M., 2005, « Virtual cranial reconstruction of *Sahelanthropus tchadensis* », *Nature*, 434, p. 755-759 ; Brunet M., Guy F., Pilbeam D., Lieberman D. E., Likius A., Mackaye H. T., Ponce de Leon M. S., Zollikofer C. P. E. et Vignaud P., 2005, « New material of the earliest hominid from the Upper Miocene of Chad », *Nature*, 434, p. 752-755.

la reconstitution consécutive de la tête de Toumaï, il est intéressant de noter que, pour de nombreuses raisons – face relativement verticale, prémaxillaire court, basi-occipital court, trou occipital en position antérieure, plan nucal plat, canine inférieure petite, occlusion canine sur canine et non, comme chez les singes, canine sur première prémolaire inférieure –, les deux travaux aboutissent à la même conclusion : non seulement Toumaï, *Sahelanthropus tchadensis,* est un préhumain, mais il aurait été debout et bipède.

La découverte d'os des membres et, bien sûr, du bassin, permettra la confirmation de ces déclarations déductives. Nous serions en présence de la plus vieille bipédie d'hominidé, une bipédie probablement très proche de la toute première bipédie, qui pourrait bien avoir été l'une des caractéristiques de notre *phylum*, puisque le distinguant de celui des grands singes d'Afrique et aussi, d'ailleurs, de celui des ancêtres communs plus anciens que nous partageons.

Un nouveau[1] *!*

Décrivant les nouvelles dents d'un préhumain (*Ardipithecus*) découvertes en Éthiopie et datées entre 5,2 et 5, 8 millions d'années, trois collègues, l'Éthiopien

1. Chronique du 29 mars 2004.

Johannes Haile-Selassie, le Japonais Gen Suwa et l'Américain Tim White, en profitent pour l'élever au rang d'espèce nouvelle (*Ardipithecus kadabba*)[1], mais aussi pour s'interroger sur ce qui caractérise véritablement la branche ou plutôt le bouquet de branches préhumain-humain qui est le nôtre : la bipédie, l'épaisseur de l'émail dentaire et le type d'occlusion canine supérieure-première prémolaire inférieure. Considérant la bipédie comme complexe, ce en quoi ils n'ont pas tort, l'épaisseur de l'émail comme sans signification et le contact canine-prémolaire comme évolutif, ils ne retiennent finalement aucun des critères énoncés et continuent, par suite, de classer *Ardipithecus*, avec ses prémolaires et ses molaires à l'émail mince et son contact canine supérieure-prémolaire inférieure comparable à celui des grands singes parmi les préhumains et non les présinges. Ils concluent en outre que les trois préhumains les plus anciens connus à ce jour – *Ardipithecus* d'Éthiopie, *Sahelanthropus*, dit Toumaï du Tchad, et *Orrorin* du Kenya, tous trois âgés de 6 à 7 millions d'années – pourraient bien ne pas représenter trois genres distincts, mais un seul et même genre.

Quand on étudie les grands mammifères, on sait que la diversification en bouquet est la règle. Contrai-

1. Haile-Selassie Y., Suwa G. et White T. D., 2004, « Late Miocene teeth from Middle Awash, Ethiopia and Early Hominid dental evolution », *Science*, 303, p. 1503-1505.

rement à ce qu'on lit souvent, la multiplication des préhumains – *Ardipithecus, Sahelanthropus, Orrorin, Australopithecus, Kenyanthropus, Paranthropus*... – est normale et même attendue ; c'est l'unicité de l'espèce *Homo sapiens* qui, à l'inverse, est étonnante. En ce qui me concerne, je crois donc à la parfaite distinction d'*Orrorin*, *Ardipithecus* et *Sahelanthropus*.

Qu'il y ait variabilité des régimes alimentaires et, donc, de l'épaisseur d'émail est possible. Qu'il y ait évolution de la morphologie de l'affrontement entre la canine supérieure et la prémolaire inférieure est probable. Que la bipédie, qui doit intégrer un certain nombre de traits anatomiques et fonctionnels, ne soit pas simple à prendre en compte dans une évaluation diagnostique est certain. Cela étant dit, aucun des ancêtres de nos cousins les grands singes d'Afrique n'a pour le moment été identifié, alors qu'on dispose d'une bonne quinzaine de préhumains. Certains des premiers, les préchimpanzés, ne se cacheraient-ils pas sous le masque plus flatteur des seconds ?

Des morceaux nouveaux d'un ancien[1]

Depuis bien des années, les études de biologie moléculaire avancent la date de 7 à 9 millions d'années pour le dernier grand embranchement de notre histoire, celui à partir duquel les chemins des chimpanzés et des hommes se sont séparés. Celui pris par les hommes est dense, on le sait. Il ne s'agit pas d'une voie unique, débouchant 4 à 6 millions d'années plus tard sur le genre *Homo*, l'homme, mais d'un bouquet composé d'une douzaine de possibilités au moins.

L'équipe de Silashi Semaw, qui travaille dans la province de Gona (Afar éthiopien), tout près de Hadar, le site de Lucy, s'est intéressée à l'un des brins de ce bouquet[2]. Dans une localité appelée As Duma, elle a recueilli les restes d'au moins 9 individus – dents, mâchoires supérieures, mâchoires inférieures, phalanges de la main et du pied – appartenant au genre *Ardipithecus* et à son espèce *ramidus*. Rappelons que cet hominidé a été, pour la première fois, décrit en 1994 par Tim White à partir de restes provenant d'un autre

1. Chronique du 14 février 2005.

2. Semaw S., Simpson S. W., Quade J., Renne P. R., Butler R. F., McIntosh W. C., Levin N., Dominguez-Rodrigo M. et Rogers M. J., 2005, « Early Pliocene hominids from Gona, Ethiopia », *Nature*, 433, p. 301-305.

gisement de l'Afar, Aramis et daté de 4,4 millions d'années. L'étude des animaux fossiles recueillis à As Duma, les analyses radiométriques et les mesures paléomagnétiques concordent pour dater ce niveau entre 4,57 et 4,32 millions d'années, c'est-à-dire à la même époque que l'hominidé d'Aramis. *Ardipithecus,* qui est connu par une autre espèce plus ancienne, *Ardipithecus kadabba,* est un genre qui, apparemment, est debout, bipède et arboricole, comme d'autres préhumains tels que Lucy, mais avec une denture de frugivore ressemblant davantage à celle d'un chimpanzé. C'est d'ailleurs la raison pour laquelle certains chercheurs hésitent entre considérer *Ardipithecus* comme un préchimpanzé debout ou en faire un préhumain mangeur de fruits.

La découverte est intéressante, car elle enrichit cette partie de l'histoire préhumaine comprise entre 9 et 4 millions d'années dans laquelle on ne compte que 3 autres hominidés : *Samburupithecus kiptalami* que beaucoup placent avant le grand embranchement ou à côté (9 millions d'années, Kenya) ; *Sahelanthropus tchadensis,* dit Toumaï (7 millions d'années, Tchad) ; enfin, *Orrorin tugenensis* (6 millions d'années, Kenya encore). Pour mémoire, rappelons que Lucy, qui est aussi une préhumaine, est éthiopienne et n'a que 3,2 millions d'années.

Encore un autre préhumain[1]

Encore un préhumain, et vieux de 4 millions d'années, et encore un préhumain d'Afrique de l'Est – d'Éthiopie pour être exact. C'est ce qu'atteste la douzaine d'ossements découverts dans un site nouveau de l'Afar par l'équipe américano-éthiopienne dirigée par Bruce Latimer de Cleveland et Johannes Haile-Selassie d'Addis-Abeba. Parmi les douze os découverts figurerait la totalité de la chaîne appendiculaire postérieure, c'est-à-dire inférieure, le bassin, le fémur, le tibia et l'astragale. On imagine l'effet produit par l'annonce de cette découverte, qui n'est ni plus ni moins que la mise au jour de la plus vieille bipédie au monde.

Tous les chercheurs de préhumains rêvent de trouver, chez leurs hominidés, des traits suffisamment humains pour leur voir attribuer une place généalogique qui les situe dans l'ascendance directe, et non latérale, du genre *Homo*, l'homme. Parmi ces traits, on peut citer un cerveau plutôt gros, une face plutôt plate, des dents plutôt petites et à l'émail plutôt épais et, bien sûr, un corps debout et une bipédie incontestable, de préférence exclusive, je veux dire non assortie d'arboricolisme. On connaît, au Kenya et en Éthiopie, des préhumains debout et bipèdes plus anciens que l'hominidé

1. Chronique du 21 mars 2005.

de l'Afar : il y a *Orrorin tugenensis* (6 millions d'années), *Ardipithecus kadabba* (5,8 millions) ou encore *Ardipithecus ramidus* (4 millions d'années), mais tous trois, s'ils marchent en effet, grimpent encore. En revanche, on connaît, toujours au Kenya et en Éthiopie, d'autres préhumains debout et bipèdes, contemporains de notre nouvel hominidé, et qui pourraient, pour certains en tout cas, ne plus grimper. Je pense à *Australopithecus anamensis*, qui a été découvert sur les deux rives est et ouest du lac Turkana par Meave Leakey et son équipe. Ce préhumain vieux d'environ 4 millions d'années présente, dès cette époque ancienne, un coude peu stabilisé, ce qui est moderne, et un genou extrêmement solide, ce qui est tout aussi moderne. Je pense d'ailleurs, mais je suis sans doute le seul dans ce cas, que c'est cet hominidé-là que nous avons retrouvé, associé aux restes d'*Australopithecus afarensis*, à des niveaux beaucoup moins anciens de Hadar.

Cette nouvelle découverte sera peut-être prochainement et définitivement étiquetée *Australopithecus anamensis*[1], mais elle aura eu, quoi qu'il en soit, le mérite de confirmer, et de manière indiscutable, qu'il existait une bipédie quasi moderne il y a 4 millions d'années et des paysages particulièrement

1. C'est, en effet, ce qu'elle a été, plusieurs mois après la chronique due, quant à elle, à une simple annonce de presse quotidienne.

découverts dans la mosaïque des environnements de l'époque pour justifier pareille locomotion.

Little Foot[1]

Il y a quelques années, le paléontologue britannique Ron Clarke découvrait, en rangeant des collections entreposées dans les réserves de l'Université de Johannesburg, des ossements de pied de préhumain – de pouce de pied même – qui n'avaient pas été identifiés. Ils portaient la mention Sterkfontein 2 1938.

Sterkfontein est le nom d'une grotte fameuse du Transvaal, province que l'on appelle maintenant le Gauteng. Depuis 1936, cette grotte livre certes des restes abondants d'australopithèques, mais ce qui est nouveau ici, c'est, d'après l'étiquetage, l'origine stratigraphique de ces ossements. Le remplissage de la grotte a été, en effet, divisé en six niveaux successifs, de la base au sommet, du plus ancien au plus récent, et, jusqu'à présent, les restes d'hominidés fossiles qui y ont été découverts provenaient tous des niveaux 4 et 5 – le niveau 4 étant daté entre 2 et 3 millions d'années. Les fossiles découverts en 1938 et juste reconnus sont donc ceux d'australopithèques vieux

1. Chronique du 21 juillet 2003.

de plus de 3 millions d'années ; ce sont ainsi les plus anciens restes connus d'hominidés en Afrique du Sud.

Ron Clarke décida donc de descendre au fond de la grotte de Sterkfontein pour y examiner cette fameuse couche 2. Et c'est ainsi qu'il retrouva, soixante ans après la première découverte non déterminée, la partie du sédiment d'où elle avait été extraite. Il en reprit l'exploration et découvrit à son tour, ossement après ossement, jusqu'au crâne, l'ensemble ou presque d'un squelette d'australopithèque, celui-là même à qui appartenaient les ossements de pied recueillis en 1938.

Grâce au degré d'évolution des restes d'animaux associés et au taux de sédimentation entre Sterkfontein 2 et Sterkfontein 4, une première estimation de l'âge du squelette a été faite, qui se situe entre 3 et 3,5 millions d'années. Jusqu'à ce que l'application d'une nouvelle méthode de datation, mesurant le rapport entre les quantités de deux éléments radioactifs, le béryllium 10 et l'aluminium 26, tous deux produits dans les quartz des sédiments enfouis, fournisse le chiffre extraordinaire de 4,17 millions d'années (± 14 000 ans)[1]. Comme la même méthode vient de donner, pour des sédiments enveloppant d'autres restes d'australopithèques découverts dans un diverticule de la grotte de Sterkfontein, appelé

1. Partridge T. C., Granger D. E., Caffee M. W. et Clarke R. J., 2003, « Lower Pliocene hominid remains from Sterkfontein », *Science*, 300, p. 607-612.

caverne Jacovec, la date de 4,2 millions d'années (± 27 000 ans), il semble qu'on puisse retenir l'âge de 4 millions d'années pour les plus anciens hominidés d'Afrique australe.

On le sait, l'histoire de la famille des hominidés commence il y a une dizaine de millions d'années, en Afrique tropicale, avec cette bifurcation qui ouvre, à partir d'un tronc de grands primates, ancêtres communs, deux voies descendantes, l'une aboutissant aux chimpanzés et aux bonobos, l'autre conduisant aux hommes. À son tour, la route des hommes connaît deux grands épisodes, mais ceux-là successifs, un premier préhumain entre 10 millions et 1 million d'années et un second proprement humain entre 3 millions d'années et aujourd'hui, les derniers préhumains ayant été contemporains des premiers humains. Parmi ces préhumains figurent un certain nombre de fossiles célèbres : *Sahelanthropus* dit Toumaï (7 millions d'années, Tchad), *Orrorin* dit l'Ancêtre du millénaire (6 millions d'années, Kenya), *Australopithecus anamensis* (4 millions d'années, Kenya et Éthiopie), *Australopithecus afarensis* dit Lucy (entre 3 et 2 millions, Éthiopie) ou encore *Australopithecus bahrelghazali* dit Abel (3-3,5 millions d'années, Tchad).

Il n'est donc pas exclu que, dès 4 millions d'années, des préhumains se soient déployés à partir d'un foyer tropical africain vers le sud du continent où l'on connaît plusieurs australopithèques : celui de Sterkfontein 2 et de la caverne Jacovec, qui n'a pas encore de nom officiel (pour le moment, on l'appelle « Little Foot ») et qui est le plus ancien ; l'*Australopithecus africanus* de Sterkfontein 4, mais aussi de Taung et de Makapansgat ou encore l'*Australopithecus robustus* de Sterkfontein 5, mais aussi de Kromdraai, de Swartkrans, de Drimolen... En termes de chronologie, Little Foot aurait 4 millions d'années, *Australopithecus africanus* entre 2 et 3 millions et *Australopithecus robustus* entre 1 et 2 millions. Est-ce la peine de rappeler que le tout premier préhumain, découvert en 1924, l'a été à Taung, en Afrique du Sud et que c'est d'ailleurs la raison pour laquelle il s'est appelé *Australopithecus* et, mieux, *Australopithecus africanus*, le « singe d'Afrique australe » ?

Lucy, grimpeuse et bipède[1]

Lucy est ce petit squelette de préhumain, disons de préhumaine, âgée de 3,18 millions d'années, qui a été découvert il y a plus de trente ans, en 1974, à Hadar, dans l'Afar éthiopien, par l'expédition que nous dirigions Maurice Taieb, Donald Johanson et moi-même[2]. Et c'est en 1978 que Donald Johanson,

1. Chronique du 20 septembre 2004.

2. Taieb M., Johanson D. C. et Coppens Y., 1975, « Expédition internationale de l'Afar, Éthiopie (3e campagne 1974) ; découverte d'hominidés plio-pléistocènes à Hadar », *C. R. Acad. sc. Paris*, 281 (D), p. 1297-1300.

Tim White et moi-même avons créé pour elle l'espèce *Australopithecus afarensis*[1]. Depuis cette date, 370 restes d'hominidés rapportables à cette même espèce ont été collectés à Hadar. Ils couvrent une période d'environ 400 000 ans et permettent de bien comprendre cette forme de préhumanité.

Lucy est actuellement l'un des quinze préhumains parmi lesquels se cache l'ancêtre direct du genre humain. Comme j'ai eu l'occasion de le dire souvent et depuis longtemps, je ne crois pas qu'*Australopithecus afarensis* soit celui-là. Je ne le crois pas parce que l'espèce *afarensis* est bipède et arboricole, que son cerveau est encore bien petit, que la projection de sa face est très forte et, enfin, que ses dents jugales, prémolaires et molaires, sont très grosses. Cette espèce est, en outre, presque contemporaine des premiers hommes exclusivement bipèdes, au cerveau beaucoup plus gros, à la face beaucoup plus plate et aux dents de la joue beaucoup plus petites[2]. En revanche, je pense qu'*Australopithecus afarensis* pourrait bien être à l'origine des australopithèques d'Afrique de l'Est que l'on appelle « robustes ». *Zin-*

1. Johanson D. C., White T. D. et Coppens Y., 1978, « A new species of the genus *Australopithecus* (Primates : hominoidea) from the Pliocene of eastern Africa », *Kirtlandia* 28, p. 1-14.

2. Coppens Y., 1991, « L'originalité anatomique et fonctionnelle de la première bipédie », *Bull. Acad. nat. méd.*, 175(7), p. 977-993 ; Coppens Y., 1999, *Le Genou de Lucy*, Odile Jacob, 256 p.

janthropus aethiopicus et *Zinjanthropus boisei* sont, en effet, des formes très spécialisées, moins grimpeuses parce que plus lourdes, avec un cerveau un tout petit peu plus gros et une face nettement moins projetée, mais des dents postcanines énormes. Le crâne d'*Australopithecus afarensis* découvert en 1992[1], crâne mâle attestant d'un dimorphisme sexuel important, plaide d'ailleurs en faveur de la conclusion ci-dessus, conclusion ancienne, mais qui n'est pas consensuelle pour autant.

Quoi qu'il en soit, Lucy demeure une préhumaine extrêmement importante, puisque c'est elle qui nous a permis pour la première fois de comprendre l'association « bipède » et « grimpeur » sur un même squelette. Il s'agit sans conteste d'une espèce bien établie par ses caractéristiques propres et son degré d'évolution, même si elle n'est pas, comme il a été dit si souvent, la grand-mère de l'humanité. Si elle est majoritaire à Hadar, elle n'est, de mon point de vue, pas la seule présente. Je pense par ailleurs que ce fut une erreur, de notre part, de mêler ses restes éthiopiens à ceux de l'hominidé de Laetoli (Tanzanie), qui pourrait bien être quelqu'un d'autre, mais cela est un autre problème.

---

1. Sur ce crâne qui est, à ce jour, le crâne le plus complet dont nous disposons, voir la belle monographie publiée par William Kimbel, Yoel Rak et Donald Johanson : Kimbel W. H., Rak Y. et Johanson D. C., 2004, *The Skull of* Australopithecus afarensis, Oxford University Press, 272 p.

Le syndrome de Lucy[1]

S'apercevant de la brièveté anormale de certains muscles de la cuisse, notamment les ischio-jambiers, à l'origine d'élongations, de claquages ou même de ruptures complètes chez certains sportifs, le docteur Paul Pilardeau a eu l'idée extraordinaire de donner, dès 1991, le nom de Lucy à ce syndrome, mettant sur le compte du redressement trop rapide du corps cette inadaptation flagrante[2]. Il a même créé une véritable discipline, qu'il a baptisée « étiopaléopathologie », dont le but est d'étudier la mécanique et l'anatomie fonctionnelle de l'homme, mais aussi leurs pathologies, en fonction de leur histoire évolutive.

Parce qu'elle fait partie des ancêtres de l'homme, parce qu'elle est arboricole en même temps que debout et bipède, parce qu'elle est petite et féminine, parce qu'elle porte un prénom qu'au moins une partie de la communauté internationale connaissait bien, Lucy est curieusement devenue célèbre. Elle est même devenue la mascotte des spécialistes de l'histoire de l'homme, le symbole de l'évolution, le porte-parole de notre discours sur l'histoire de l'humanité. Voilà

1. Chronique du 1er mars 2004.
2. Pilardeau P., 2003, *Pathologie humaine et évolution ou le syndrome de Lucy*, éditions DERMS, Bobigny, 510 p.

comment, à l'arrivée, elle a été choisie par Paul Pilardeau et son équipe, pour désigner un syndrome, comme elle l'a été par un psychiatre pour désigner un complexe, et puis retenue pour nourrir la bande dessinée, alimenter la littérature, inspirer le cinéma et animer poètes, peintres et sculpteurs.

Un tel parrainage est intéressant, car il montre combien l'histoire qui est la nôtre inquiète et fascine les êtres humains que nous sommes. Héritier d'un monde vivant lui-même héritier d'un monde inerte, l'être humain ne cesse de se poser la même question, inhérente à sa conscience et à sa condition : ce qu'il fait ici, d'où il vient et où il va. C'est parce que cette question nous angoisse et que tout le monde, aujourd'hui encore, se la pose, que les téléspectateurs de *L'Odyssée de l'espèce* ont été si nombreux et que je suis ici pour vous en parler[1].

1. *L'Odyssée de l'espèce* (produit par France 3, Transparence Production et 17 juin Production) est un film « docu-fiction », réalisé par Jacques Malaterre, sous la direction scientifique d'Yves Coppens, qui a atteint, pour sa première diffusion en première partie de soirée, près de 9 millions de téléspectateurs (record comparable à celui de la Coupe du monde de football de 1998, cinq ans auparavant).

Chapitre 2

LES TRÈS VIEUX HUMAINS

Pierre Teilhard de Chardin[1]

Né près de Clermont en 1881 et mort à New York en 1955, Pierre Teilhard de Chardin, dont on célèbre le cinquantième anniversaire de la mort, s'est illustré par une œuvre scientifique importante de géologue et de paléontologue, ce qui lui valut son entrée à l'Académie des sciences, et une œuvre philosophique considérable qui, bien que publiée en grande partie après sa disparition, l'empêcha d'accéder, par son audace, à

1. Chronique du 16 mai 2005. Après neuf manifestations à travers le monde – Hastings, Le Caire, New York, Pékin, Rome, Lille, Strasbourg et Paris deux fois –, Clermont-Ferrand, à son tour, célébrait le cinquantième anniversaire de la mort du paléontologue, écrivain, philosophe, Pierre Teilhard de Chardin. Du 8 au 11 mai on a ainsi pu assister à un colloque sur l'*Avenir de l'humanité, la nouvelle actualité de Teilhard*, à une création musicale de François Clément, avec dix musiciens et deux cents choristes, à *La Messe sur le monde*, à des conférences et à l'ouverture de l'exposition *Teilhard 2005*. L'exposition traitant de la vie et de l'œuvre de Pierre Teilhard se tenait au musée du Ranquet, Hôtel de Fontfreyde. Quant aux conférences, elles ont eu lieu tout au long de l'année 2005, à Clermont et à Chamalières. Collectif, Colloque international 2005, Clermont-Ferrand, *Avenir de l'humanité, la nouvelle actualité de Teilhard*, Saint-Étienne, Aubier, 2006.

beaucoup de fonctions, dont celle de professeur au Collège de France.

Pierre Teilhard fut un homme de terrain et on le vit parcourir bien des provinces de Chine, pays où il séjourna longtemps, participer à la croisière Citroën transasiatique, dite Croisière jaune, rendre visite à des collègues et amis en Indonésie, à Djibouti, en Éthiopie, en Birmanie, en Afrique du Sud. Il fut aussi un homme de réflexion. L'esprit bien modelé par ses recherches en paléontologie, il fut très vite convaincu par la théorie de l'évolution des espèces, y compris celle de l'homme et tenta de faire accepter ces idées par l'Église catholique romaine qu'il servait en tant que membre de la Compagnie de Jésus. Quarante ans après sa mort, ce qui n'est rien par rapport à la patience qu'a dû avoir la mémoire de Galilée, Jean-Paul II déclarera en 1996, à l'Académie pontificale des sciences, que l'évolution est *plus* qu'une hypothèse.

Pierre Teilhard de Chardin étant profondément croyant, sa pensée est évidemment une pensée très spiritualiste. Elle a fait bien des émules et suscité bien des opposants, mais force est de reconnaître que cette pensée fut étonnamment claire et visionnaire – Teilhard de Chardin a par exemple pressenti la mondialisation des communications que nous vivons aujourd'hui et qu'il nomma Noosphère. Son expression est, en outre, merveilleusement élégante et nous terminerons par deux jolies citations, l'une concernant la naissance de la

Terre et l'autre décrivant l'émergence de l'homme : « Il y a de cela quelques milliers de millions d'années, écrit-il à propos de l'origine de la Terre, un lambeau de matière formé d'atomes particulièrement stables se détachait de la surface du Soleil. Et, sans couper les liens qui le rattachaient au reste des choses, juste à la bonne distance de l'Astre père pour en sentir le rayonnement avec une intensité moyenne, ce lambeau s'agglomérait, s'enroulait sur soi, prenait figure… Toute fraîche et chargée de pouvoirs naissants, regardons se balancer, dans les profondeurs du passé, la Terre juvénile… » Et, sur l'origine de l'homme, il note : « Quand, pour la première fois, dans un vivant, l'instinct s'est aperçu au miroir de lui-même, c'est le monde tout entier qui a fait un pas. L'homme est entré sans bruit. »

L'homme est un coureur de fond[1]

Dix années passées dans les gisements fameux de la basse vallée du fleuve Omo en Éthiopie m'ont permis, dans les années 1970, de décrire l'« événement de l'Omo », un changement climatique important, survenu entre 3 et 2 millions d'années. La Terre s'est alors rafraîchie, les tropiques asséchées, certains animaux se sont éteints, d'autres ont migré, d'autres se

1. Chronique du 13 juin 2005.

sont adaptés en se transformant. Parmi les extinctions, citons les mastodontes ; parmi les migrants, les antilopes de buissons, tragélaphes, qui s'en vont et les antilopes de prairie, alcélaphes, meilleures coureuses, qui arrivent ; parmi les adaptations, regardons l'hipparion se faire cheval, bien meilleur coureur, lui aussi, et le préhumain choisir la dissuasion physique et se faire australopithèque robuste ou bien opter pour la dissuasion intellectuelle et se faire homme. Dans un paysage qui se découvre, où on est par suite beaucoup plus vulnérable, il faut bien apprendre à sauver sa peau et il y a plusieurs façons d'y arriver : par une manière plus efficace de s'enfuir, par l'adoption d'un look plus impressionnant ou par le développement d'un esprit de ruse. Cette dernière solution a été celle retenue par le genre *Homo*, l'homme, qui, dispose d'un cerveau plus gros que celui de ses prédécesseurs, avec des circonvolutions plus compliquées et une irrigation plus dense, et qui invente l'aménagement de l'outil et celui de l'arme.

Deux collègues américains, Daniel Lieberman de Harvard et Dennis Bramble de l'Utah, proposent d'ajouter la course aux qualités de survie de l'homme[1]. S'appuyant sur l'existence, chez celui-ci, d'un ligament nucal, qui stabilise la tête en mouvement, d'un tendon

1. Barnéoud L., 2005, « Révélations sur l'Homme », *Science et Vie*, 1052, p. 53-59.

d'Achille, d'une voûte plantaire, d'un pied long et d'orteils courts, adaptés à la mécanique du ressort de la marche, ils font du genre *Homo* un coureur de fond, à l'instar du cheval et des antilopes de prairie. Plus curieux, plus mobile, mieux équipé et plus endurant, *Homo* aurait ainsi parfaitement réussi son adaptation au coup de sec qui s'est abattu sur ses ancêtres. Si tel est bien le cas, précisons tout de même qu'il s'agit de la première espèce du genre, d'*Homo habilis* donc, et non d'*Homo erectus* comme il est dit par nos collègues américains, ce qui nous met à 3 millions d'années, et non à 2.

De très vieux outils d'Éthiopie[1]

Au sud de l'Éthiopie, un site préhistorique, Fejej 1, daté d'environ 1,96 million d'années[2], a été fouillé à partir de 1997. Ce niveau, bien repéré stratigraphiquement et bien daté, est d'un extrême intérêt, car il offre à la fois des outils, des restes humains (rares), des restes

1. Chronique du 18 avril 2005.

2. Lumley H. de et Beyene Y., 2004, *Les Sites préhistoriques de la région de Fejej, Sud-Omo, Éthiopie, dans leur contexte stratigraphique et paléontologique*, Éditions Recherche sur les civilisations (ERC)/Assoc. Diff. Pens. Fr. (ADPF), 636 p. Il s'agit d'une jolie monographie, très illustrée, dont je salue la qualité et la rapidité de réalisation ; je salue aussi l'effort de synthèse des travaux sur tous les plus vieux outillages connus au monde qui accompagne et complète, en fin de volume, la monographie sur Fejej.

de faune et des pollens, assez d'éléments pour qu'on puisse associer l'artisan et son outillage et les replacer dans un contexte environnemental bien compris.

Qui est l'homme présent dans cette région, à cette époque ? Sans doute *Homo habilis*. Que fabrique-t-il ? Sur un sol d'occupation parfaitement en place fouillé sur 85 m^2, plus de 1 000 outils ont été recueillis. Il s'agit de galets aménagés, de galets fracturés, de nucleus et d'éclats, mais jamais de petits outils sur éclats aménagés par retouches volontaires. La taille est donc très archaïque, très limitée. Elle a été faite au percuteur dur (pierre sur pierre). Quant à la matière première, il s'agit majoritairement de quartz et un peu de basalte ; elle provient d'alluvions des environs.

À l'évidence, ces hommes s'étaient installés sur une petite plage de sable, au bord d'une rivière, dans une sorte de campement provisoire ; ils s'y retrouvaient pour y dormir probablement et pour partager et consommer le gibier rapporté ; ils mangeaient beaucoup d'antilopes (d'impalas surtout), mais aussi un peu d'éléphant. C'est par suite sur ce sol choisi qu'ils désarticulaient les carcasses et fracturaient les ossements. Et c'est pour ce faire qu'ils rapportaient aussi les galets des alluvions voisines, qu'ils les cassaient et les taillaient. D'où la richesse d'information du lieu. Quant au paysage alentour, il était essentiellement ouvert, bien drainé, avec quelques galeries boisées le long de petits cours d'eau.

Comment la culture se libère de la nature[1]

Melka Kunturé est un gué de la rivière Awash, à 50 kilomètres au sud d'Addis-Abeba et à environ 2 000 mètres d'altitude[2]. Le site est exceptionnel puisqu'il a été habité de manière pratiquement continue depuis 1 700 000 ans. Quelque 70 sols d'habitat y ont été identifiés et un bon nombre d'entre eux fouillés. Ce sont les campements les plus anciens, les campements oldowayens aux outillages de galets aménagés vieux de 1,7 à 1,3 million d'années et les campements acheuléens à bifaces entre 1,2 million et 200 000 ans, qui ont fait pour le moment l'objet de la plus importante recherche.

Comme dans tous les habitats, les restes humains sont rares, les cadavres ne traînant pas sur les lieux de vie, mais il en a été trouvé suffisamment pour qu'une

1. Chronique du 14 mars 2005.

2. Chavaillon J. et Piperno, M. (éd.), 2004, *Studies on the Early Paleolithic Site of Melka Kunture*, Ethiopia, Istituto Italiano di Preistoria e Protoistoria, Florence, 2 vol. (735 pages pour le premier et 29 plans pour le second). Ce superbe coffret comprend un très gros volume de textes et un volume moins gros de plans de fouilles. Signé par un nombre important de scientifiques, géologues, préhistoriens, paléontologues, paléoanthropologues, il est dirigé par les deux préhistoriens qui ont été les chefs successifs de ces missions : Jean Chavaillon qui a ouvert les premiers chantiers en 1965 et Marcello Piperno qui, après avoir collaboré avec Jean Chavaillon, a pris officiellement le relais il y a quelques années.

très intéressante conclusion s'impose. Au début, les outillages évoluent moins vite que les hommes : l'oldowayen, œuvre d'*Homo habilis*, le premier homme, est encore fabriqué par les premiers *Homo erectus*, qui sont ses descendants. De même, l'acheuléen, fabriqué par un *Homo erectus* plus évolué, est encore fabriqué par les premiers *Homo sapiens*. Et puis les vitesses s'inversent ; c'est ce que j'ai appelé ailleurs le « point d'inversion », ou *reverse point*, point situé à environ 100 000 ans seulement. Alors les outillages se mettent à évoluer très vite et bien plus vite que n'évoluent les hommes. C'est, pour moi, la démonstration de la manière dont la culture acquise conquiert sa prévalence sur la nature et l'instinct, le libre arbitre sur l'automatisme. Le site de Melka Kunturé est un grand site et un site qui s'impose désormais comme une référence pour le Paléolithique ancien d'Afrique, à l'égal du site tanzanien d'Olduvai.

Les peuplements les plus anciens de l'Algérie[1]

Que sait-on sur les premiers peuplements de ce grand beau pays qu'est l'Algérie, qui s'étend, comme chacun sait, des rivages africains de la Méditerranée au cœur du Sahara et du Sahel ? Comme on peut s'y attendre, c'est aux alentours de 2 millions d'années que se manifestent les premiers habitants. Un site du Constantinois, Aïn el-Hanech, près de Sétif, a livré dès 1947, à Camille Arambourg du Muséum national d'histoire naturelle de Paris et, depuis 1992, à Mohamed Sahnouni, brillant préhistorien algérien, un outillage en pierre de très belle facture ainsi que des restes des animaux présents dans son environnement – hippopotames, rhinocéros, cochons, gazelles, bovidés (dont une grosse antilope *Pelorovis* bien connue en Afrique tropicale), chevaux (dont un âne et un zèbre), hyènes, loups, etc. Il s'agit d'une faune traduisant un paysage de prairie et de savane très giboyeuses. Les chasseurs nomades en vivaient et devaient être de ces

1. Chronique du 15 septembre 2003. Diverses manifestations ont été organisées sur la préhistoire de ce pays à l'occasion de l'année de l'Algérie en France. Outre l'exposition sur ces peuplements qui était présentée par Djillali Hadjouis à l'hôtel de département du Val-de-Marne à Créteil, se tenaient, sur le même sujet, à peu près à la même époque, une exposition au Muséum d'histoire naturelle d'Angers et un colloque au Collège de France.

hommes que l'on appelle premiers, *Homo habilis* ou *Homo rudolfensis*. On n'en a malheureusement pas retrouvé de restes pour le moment.

Il n'en va pas de même avec les suivants, *Homo ergaster* ou *Homo erectus*, hommes seconds appelés ici *Atlanthropus mauritanicus* et découverts à Tighenif dans l'Oranais, près de Mascara. Ils ont été recueillis dans une sablière, associés à leurs outils bifaces et, ici aussi, aux animaux de leur époque – éléphants proches de l'éléphant d'Afrique, rhinocéros, hippopotames, zèbres, chameaux, girafes, cochons, antilopes, bovidés, félidés, canidés, hyaenidés, rongeurs, insectivores, oiseaux, etc. Un âge de 730 000 années a été proposé pour ces hommes-là.

Le peuplement de l'Algérie se poursuit naturellement et il n'y a pas de rupture dans la succession des outillages. Il faut, en revanche, attendre 30 000 ans pour retrouver des restes osseux ou dentaires d'hommes fossiles. Cette fois, il s'agit d'*Homo sapiens*, d'origine probablement proche-orientale ou africaine, proches des cro-magnoïdes installés de l'autre côté de la Méditerranée. On les appelle ici mechtoïdes. Ces gens sont grands (1,72-1,75 mètre, quel que soit le sexe), robustes et ce sont les artisans d'outillages de petite taille, très élaborés.

Out of Africa (1)[1]

L'homme a 3 millions d'années, ou peu s'en faut, et il est d'origine tropicale et africaine. C'est à partir de ce berceau et très tôt – 2,5 millions d'années peut-être, dès le stade *habilis* donc – qu'il a commencé à se déployer, agrandissant très vite, géologiquement parlant, son territoire à l'ensemble de l'Afrique d'abord, puis à l'Eurasie en passant par le Proche-Orient.

D'importantes découvertes récentes dans le Caucase et au Liban et, plus anciennement, en Israël, permettent de suivre la route de sa sortie d'Afrique, ses premières implantations en Eurasie, puis ses nouveaux déplacements vers l'Europe, par le Bosphore et par le nord de la mer Noire, ou bien vers l'Orient et l'Extrême-Orient par le sud de l'Himalaya et les steppes de l'Asie centrale. Au Liban, en 2003, des outillages d'allure très archaïque, associés d'ordinaire à *Homo habilis,* mais ici mal datés, ont été identifiés : le site se nomme Harajel et il a été découvert par Raymond Gèze de l'Université de Beyrouth. En Géorgie, c'est une nouvelle espèce d'homme, *Homo georgicus*, bien datée de 1,81 million d'années (± 50 000 ans) et présentant des affinités avec *Homo habilis* et *Homo ergaster*, qui a été découverte : le site

1. Chronique du 4 août 2003.

s'appelle Dmanissi et il est curieusement recouvert par des habitations médiévales, sur les pentes du petit Caucase. Ce sont d'ailleurs les archéologues qui fouillaient ces ruines qui ont alerté les paléontologues, permettant, depuis 1991, la mise au jour, au milieu de pierres taillées et de restes de vertébrés fossiles abondants, de quatre crânes, deux mandibules et de nombreux restes postcrâniens humains. L'étude de la deuxième mandibule, découverte en 2000, incite alors Léo Gabounia, dont je salue ici la mémoire, et quatre autres collègues – Marie-Antoinette de Lumley, Abesalom Vekua, David Lordkipanidze et Henry de Lumley[1] – à proposer un nouveau nom d'espèce pour cet homme qui est sans doute le premier homme d'Eurasie (ni vraiment l'*habilis* africain ni vraiment l'*ergaster* que la majorité des paléontologues prenait pour le premier voyageur). En Israël, c'est en 1959 que des outillages et des restes humains évoquant *Homo erectus,* le descendant d'*Homo ergaster,* ont été pour la première fois décrits ; l'ensemble est assez bien daté et remonte à 1,7 million d'années : le site, qui se trouve au bord de la vallée du Jourdain, suite de la fameuse vallée africaine du Rift, se nomme Ubeidiyeh.

1. Gabunia L., Lumley M.-A. de, Vekua A., Lordkipanidze D. et Lumley H. de, 2002, « Découverte d'un nouvel hominidé à Dmanissi (Transcaucasie, Géorgie) », *Palevol,* 1, p. 243-253.

Voilà donc désormais dessinée – petite taille de 1,50 mètre, petite tête un peu projetée et recouvrant un petit cerveau de 600 à 700 cm^3 – la silhouette émouvante de ce frêle primate, courageux et téméraire, au seuil d'un immense nouveau continent à découvrir. Voilà donc tracée sa route et datée son arrivée. Qu'il ait emprunté le couloir levantin, de préférence au détroit de Gibraltar, n'a pas surpris grand monde ; en revanche, son stade évolutif et son âge en ont étonné beaucoup, mais pas tous... Suivez mon regard !

Les premiers Européens[1]

Encore une nouvelle espèce d'homme fossile ? Frappé par la morphologie particulière de la région frontale de la calotte crânienne d'environ 900 000 ans découverte en 1994 à Campo Grande di Ceprano dans le Latium, à une centaine de kilomètres au sud de Rome, Francesco Mallegni de Pise a proposé, avec cinq de ses collaborateurs et collègues, le nom d'*Homo cepranensis* pour désigner cet homme aux affinités africaines[2].

1. Chronique du 18 août 2003.

2. Mallegni F., Carnieri C., Bisconti M., Tartarelli G., Ricci S., Biddittu I. et Segre A., 2003, « *Homo cepranensis* sp. nov. and the evolution of African-European Middle Pleistocene hominids », *Palevol*, 2, p. 153-154.

Qu'on me permette pourtant un rappel ici, car il a son importance. L'homme est né en Afrique tropicale et c'est à partir de ce berceau qu'il s'est déployé vers l'Europe et l'Asie, mais il l'a fait plus de 1 million d'années avant *Homo cepranensis*... Ce qui nous conduit à la question suivante : que sait-on vraiment de cette longue période en Europe qui précède l'homme de Ceprano ?

Des outillages de pierre de plus de 2 millions d'années, sans restes humains associés, ont été recueillis au Proche-Orient (Israël) et, peut-être, en Europe (Roumanie, République tchèque, France, Espagne). En France, on peut évoquer les sites du Massif central, scellés par des coulées volcaniques, comme celui de Saint-Eble dans la haute vallée de l'Allier : ils offrent ces très vieux outils, mais un certain nombre de scientifiques en contestent la nature taillée ou l'âge. En revanche, un consensus existe sur l'authenticité de pierres taillées trouvées en Croatie, en Italie, en Espagne et en France ; elles ont entre 1,5 et 1 million d'années. En France, toujours dans le Massif central, on peut mentionner le gisement de Nolhac en Haute-Loire.

Mais il faut attendre un peu pour rencontrer leurs artisans.

Homo cepranensis est donc sans doute le plus ancien Européen dont on connaisse un peu l'anatomie. L'homme d'Atapuerca, découvert en 1993 près de

Burgos, âgé de 800 000 ans et appelé *Homo antecessor*, est l'Européen suivant. Et si on veut compléter cette courte liste des restes humains d'Europe, compris entre 1 million d'années et 500 000 ans, il faut ajouter la fameuse mandibule de Mauer, mal datée (environ 700 000 ans) et découverte en 1907 près de Heidelberg, en Allemagne : c'est elle qui est devenue le type d'*Homo heidelbergensis*.

Mais oublions *Homo georgicus*, *Homo cepranensis*, *Homo antecessor*, *Homo heidelbergensis*, car ils entretiennent la confusion. Suivons plutôt le scénario suivant : le peuplement de l'Europe est très ancien et il est dû à *Homo habilis* d'Afrique. Comme en Afrique et en Asie, *Homo habilis* devient *Homo erectus* en Europe, mais, pour des raisons de glaciation, cet *Homo erectus* d'Europe, isolé des populations dont il est issu, subit une dérive génétique et se change petit à petit en celui qu'on appelle l'homme de Neandertal.

Ce n'est que vers 40 000 ans au mieux qu'un autre homme viendra d'Afrique et d'Asie, en passant par le Proche-Orient, c'est-à-dire par la même route qu'*Homo habilis*. Il rejoindra l'homme de Neandertal et entraînera sa perte. Je veux, bien sûr, parler d'*Homo sapiens*, celui qu'on appelle en Europe l'homme de Cro-Magnon et qui est notre ancêtre.

L'Asie du Sud-Est[1]

Dès la fin du XIXe siècle (1889), on connaissait des hommes fossiles en Asie du Sud-Est. Découverts à Java, ils avaient été dénommés pithécanthropes par leur « inventeur », le médecin militaire hollandais Eugène Dubois.

Depuis, beaucoup d'autres hommes fossiles ont été mis au jour à Java, s'échelonnant entre presque 2 millions et quelques dizaines de milliers d'années seulement. Ces fossiles racontent l'histoire d'un homme arrivant du continent asiatique, évoluant à Java sans doute pendant plus de 1 million d'années de manière isolée et y dérivant, par suite, génétiquement, vers une forme de pithécanthrope évolué à gros encéphale (*Homo soloensis*), si particulier que certains chercheurs l'ont confondu et le confondent encore avec l'homme moderne qu'il n'est pas du tout. *Homo sapiens* arrive à son tour à Java, par la même route, vers 50 000 ou 60 000 ans seulement, et se trouve à coexister avec ce pithécanthrope évolué. À terme, le pithécanthrope s'éteindra et *Homo sapiens* survivra.

Dans cette belle histoire qui reproduit, en Asie du Sud-Est, l'histoire des Neandertal indigènes et des Cro-Magnon immigrés de l'Europe à la même période,

1. Chronique du 9 mai 2005.

deux éléments importants de compréhension ont longtemps manqué : d'une part, l'absence quasi totale et inquiétante d'outillages aux côtés des pithécanthropes ; d'autre part, l'exclusivité apparente de Java pour illustrer ces peuplements anciens parmi les centaines d'îles indonésiennes.

Mais tout est réparé ! Java commence, en effet, à livrer, en stratigraphie, de très anciens outillages sur éclats, attribuables aux pithécanthropes. Et Sumatra à l'ouest de Java et Flores à l'est ont fourni, à leur tour, de très vieux outillages (et même un hominidé inattendu, sur l'une des deux îles !).

À Sumatra, il s'agit d'un outillage bifacial incontestable, vieux de 1 million d'années peut-être ; à Flores, il s'agit, à partir de 800 000 ans, d'un outillage sur galets et d'un hominidé descendant probablement des pithécanthropes, mais qui a curieusement subi le nanisme insulaire et qui était encore présent sur l'île il y a une quinzaine de milliers d'années[1].

1. Pautreau J.-P. et Zeitoun V. (éd.), 2005, « Asie du Sud-Est : de l'*Homo erectus* à l'*Homo sapiens* », *Dossiers d'archéologie*, 302, 87 p.

Les petits hommes de Flores[1]

Une découverte tout à fait extraordinaire a, en effet, été faite dans l'île de Flores, en Indonésie ; il s'agit du squelette d'un *Homo erectus* adulte, vieux géologiquement d'environ 18 000 ans, mesurant tout juste 1 mètre de haut, avec un cerveau d'à peine 380 cm^3. Cette mise au jour a été réalisée par une équipe australienne et indonésienne sous la houlette de Peter Brown de l'Université de Nouvelle-Angleterre à Armidale (Nouvelle-Galles du Sud)[2].

J'ai déjà eu l'occasion de parler à plusieurs reprises de l'émergence du genre *Homo* en Afrique tropicale, de son déploiement à partir de son berceau à travers toute l'Afrique d'abord, puis l'Eurasie, et ce dès 2,5 millions d'années. Mais ce peuplement, homogène à l'origine, s'est trouvé coupé en trois (au moins) pour des raisons d'isolement géographique, avec une population principale en Afrique et en Asie continentale et deux populations plus réduites, l'une en Europe et l'autre en Indonésie. À partir du même *Homo erectus* se sont ainsi développés *Homo sapiens* en Afrique et en Asie, *Homo neandertalensis* en Europe et *Homo*

1. Chronique du 15 novembre 2004.

2. Brown P., Sutikna T., Morwood M. J., Soejono R. P., Jatmiko E., Saptomo E. W. et Due R. A., 2004, « A new small-bodied hominin from the Late Pleistocene of Flores, Indonesia », *Nature*, 431, p. 1055-1061.

erectus de plus en plus dérivé à Java (que j'appelle volontiers *Homo soloensis* pour le démarquer de l'*Homo erectus* continental).

Mais ce que l'on ne savait pas encore bien, tout en s'en doutant, c'est que cet *Homo erectus* de Java s'était répandu à travers les autres îles de l'Indonésie, du moins certaines d'entre elles, et qu'il y avait subi ce que les autres mammifères y ont subi de la même manière et pour les mêmes raisons, à savoir une dérive génétique supplémentaire due à l'isolement. Et cette dérive insulaire, bien identifiée, se traduit la plupart du temps par une diminution de la taille des êtres qui se trouvent ainsi isolés.

On connaît depuis longtemps les éléphants et les hippopotames nains des îles de la Méditerranée. On connaît depuis longtemps les stégodontes nains – des sortes d'éléphants – des îles d'Indonésie. On ne connaissait pas encore, en revanche, le nanisme des hommes fossiles quand ils ont été eux-mêmes soumis aux mêmes conditions environnementales. C'est désormais chose faite. À l'époque où *Homo sapiens* avait envahi l'Europe, où il avait entraîné, directement ou pas, l'extinction de l'homme de Neandertal, à l'époque où il peignait Lascaux, à l'époque où ce même *Homo sapiens* avait rejoint Java et y avait entraîné, directement ou indirectement, et de la même manière, l'extinction de l'homme de Java, vivait donc à Flores une autre humanité, issue de la même humanité d'origine (*erectus*), mais devenue aussi petite que Lucy et porteuse d'un cerveau aussi réduit, mais sans doute plus performant que le sien. Peter Brown a appelé cet homme, *Homo floresiensis*.

Les premiers peuplements de la Chine[1]

L'homme est d'origine tropicale et africaine et c'est à partir de ce berceau, difficilement contestable étant donné le nombre de découvertes qu'on y a faites et de leur âge géologique que, dès 2,5 millions d'années, il s'est déployé et a agrandi son territoire à l'ensemble de l'Afrique d'abord, puis à l'Eurasie. Certains paléo-anthropologues, dont je suis, sont convaincus depuis bien longtemps que, de manière logique, l'Europe comme l'Asie se sont peuplées depuis plus de 2 millions d'années. Et en effet, bien que les datations demandent confirmation, les sites préhistoriques chinois de Renzidong, de Longgupo, de Yuanmou mais aussi de Nihewan, de Shanguabang, de Xihoudou dépassent les 2 millions d'années ou les approchent.

Renzidong est une grotte de la province de l'Anhui qui a livré à Jin Changzhu, dans une crevasse

1. Chronique du 22 septembre 2003. Au mois d'octobre 2003 s'ouvrait en France l'Année de la Chine

de sa falaise, des milliers de restes d'animaux et une cinquantaine d'outils en silex et en agate, le tout daté de 2,2 à 2,3 millions d'années. Longgupo est aussi une grotte, mais de la province de Sichuan, où Huang Wanpo a recueilli de multiples outils tout à fait convaincants et quelques fragments osseux qui le sont moins, mais qui pourraient être humains. Plusieurs datations de l'émail des dents recueillies (méthode dite de l'Electro Spin Resonance) y ont donné 1,8 million d'années. À Yuanmou, dans la province du Yunnan, deux incisives particulièrement robustes ont été attribuées, de manière sans doute un peu excessive, à des préhumains âgés de 1,7 million d'années. Les sites de Bose dans le sud de la Chine, de Lantian et puis de Zoukoudian près de Pékin, datés de 800 000 ans pour les deux premiers et d'environ 500 000 ans pour le troisième, font le lien entre ces très vieux gisements et ceux de très vieux hommes modernes âgés de 300 000 à 400 000 ans.

C'est probablement *Homo habilis* ou *Homo rudolfensis* qui est sorti d'Afrique le premier par le Sinaï et, comme c'est arrivé à de multiples occasions dans l'histoire de la vie, c'est ce premier homme qui est devenu le second, *ergaster* puis *erectus* et enfin le troisième *sapiens*, là où il se trouvait.

La Chine a donc été peuplée il y a très longtemps, par des hommes très proches des premiers humains tels qu'on les connaît en Afrique. En Extrême-Orient comme en Afrique ou ailleurs en Asie, ces hommes ont doucement et localement évolué vers des hommes modernes et puis la situation géographique de la Chine a fait que, de manière généreuse, c'est ce pays, cet empire du milieu, le bien nommé, qui a présidé aux peuplements des Amériques et de l'Océanie.

Les premiers Chinois[1]

De mon point de vue, l'âge des premiers hommes de Chine dépasse, et peut-être de loin, le million d'années que propose comme point de départ du peuplement de la Chine l'exposition du Musée de l'Homme. Les sites de Longgupo par exemple, mais aussi bien d'autres, pourraient, dans un avenir plus ou moins proche, nous livrer des hommes de 2 millions d'années ou plus, se rattachant aux premières

1. Chronique du 26 avril 2004. Cette année-là, le Musée de l'Homme ouvrait le 31 mars les portes de son exposition *Premiers hommes de Chine, 1 million à 35 000 ans avant Jésus-Christ*. Sortait, en même temps, un dossier d'*Archéologie* coordonné par le commissaire de l'exposition, Henry de Lumley, et deux de ses collaborateurs : Lumley H. de, Roguet C. et Serre F. (éd.), 2004, « Premiers hommes de Chine : 1 million à 35 000 ans av. J.-C. », *Dossiers d'archéologie*, 292, 85 p. C'était la première fois qu'était présentée aussi complètement à Paris l'extraordinaire richesse paléontologique, paléoanthropologique et préhistorique de l'Extrême-Orient, des sites avoisinant le million d'années à ceux du début du Paléolithique supérieur. L'exposition se terminait par quelques découvertes d'hommes modernes à part entière, ceux de Liujian de 68 000 ans ou ceux de la grotte supérieure de Zhoukoudian de 33 000 années peut-être.

espèces d'hommes connues en Afrique – *Homo habilis, Homo rudolfensis* ou *Homo ergaster*.

Quoi qu'il en soit, les fossiles chinois les plus anciens de cette exposition – Yunxian dans le Hubei, Gongwangling et Chenjiawo dans le Shaanxi (800 000 ans pour les deux premiers, un petit peu moins pour le troisième) – ont une morphologie d'un archaïsme impressionnant à bien des égards (front très bas, crâne très long, capacité crânienne guère supérieure à 1 000 cm^3). Viennent ensuite les *Homo erectus* bon teint, ceux du fameux site de Zhoukoudian, vieux de 500 000 ans environ, qui a livré les restes d'une quarantaine d'individus au crâne plus haut, plus sphéroïde et à la capacité allant jusqu'à 1 200 cm^3. Et puis s'aligne un incroyable nombre de sites – Hexian, Tangshan, Dali, Jinniushan, Dingcun, Mapa, Xujiayao, etc. – qui offrent, entre 400 000 et 150 000 ans, la démonstration, pour moi convaincante, du passage progressif de ce qu'il est convenu d'appeler *Homo erectus* à ce qu'il est convenu d'appeler *Homo sapiens*.

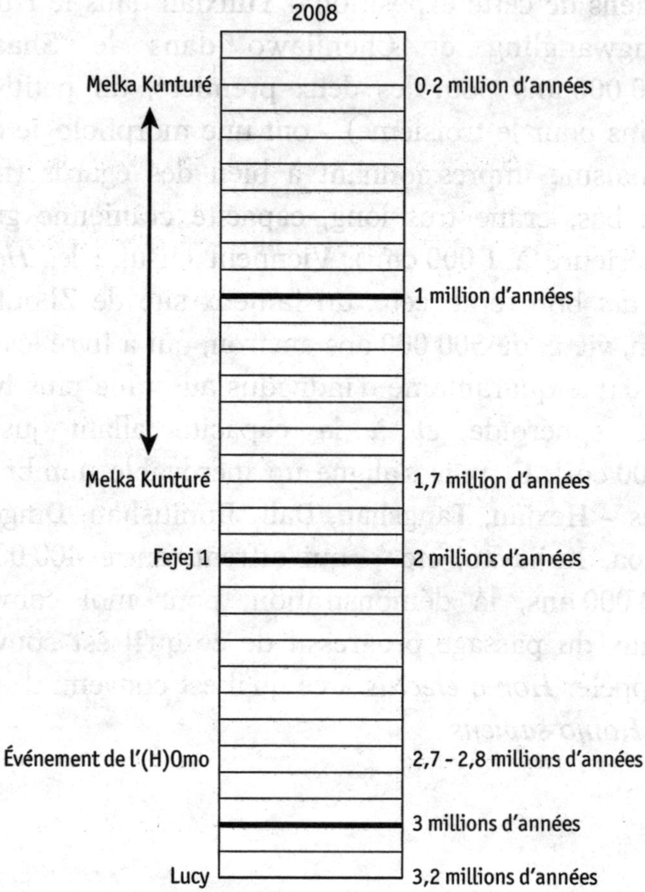
2008
Melka Kunturé
0,2 million d'années
1 million d'années
Melka Kunturé
1,7 million d'années
Fejej 1
2 millions d'années
Événement de l'(H)Omo
2,7 - 2,8 millions d'années
3 millions d'années
Lucy
3,2 millions d'années

LES TRÈS VIEUX HUMAINS

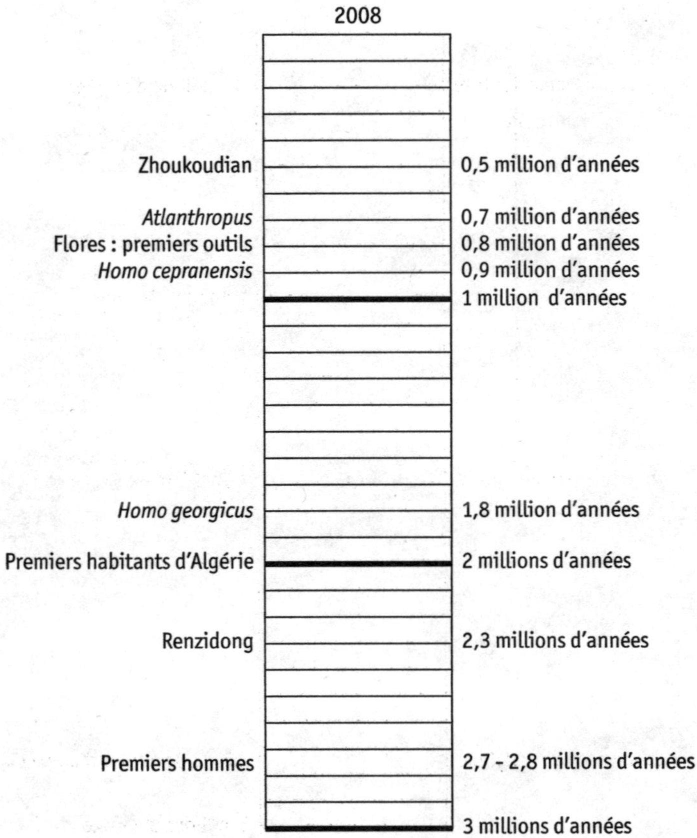

Chapitre 3

LES VIEUX HUMAINS

La première allumette[1]

Dans l'extraordinaire histoire de l'homme, l'acquisition de la maîtrise du feu représente évidemment une étape considérable, apportant chauffage, défense, éclairage, cuisson, c'est-à-dire des conditions pour conquérir de nouvelles niches écologiques, des conditions de confort pour bavarder le soir avec lumière et sécurité, des conditions pour adopter une nouvelle alimentation cuite avec les conséquences physiologiques que ça entraîne. On connaît des traces de feu extrêmement anciennes, remontant à 1,5-2 millions d'années et plus. Un préhumain sud-africain, du groupe des australopithèques, a même été nommé *prometheus*. Toutefois, il s'agit vraisemblablement à l'époque de feux naturels, de feux de brousse, associés par hasard aux humains ou aux préhumains. L'occasion a fait quelque temps le larron.

1. Chronique du 17 mai 2004.

En ce qui concerne les feux véritablement domestiqués, reproductibles, c'est l'*Homo erectus* du Proche-Orient qui en serait l'inventeur. Naama Goren-Inbar de l'Institut d'archéologie de l'Université hébraïque de Jérusalem a, en effet, découvert de petites concentrations de silex et de bois brûlés sur les sols d'habitats du site acheuléen bien connu de Gesher Benot Ya'aqov en Israël[1]. Rappelons que ce site, vieux de 790 000 ans, est celui qui a déjà livré l'un des plus anciens témoignages de la maîtrise de l'utilisation du percuteur tendre – bois ou os – pour la taille de la pierre. La grotte de l'Escale, près d'Aix-en-Provence, en France, détenait jusqu'à présent le record du feu anthropique avec de petites aires de combustion de 25 cm^2 à 1 m^2, qu'on date entre 650 000 et 700 000 ans. Quant aux deux sites d'Europe de l'Est que sont Stranska-Skala (Tchéquie) et Vertészöllos (Hongrie), estimés à 600 000 ans, et à ceux du Menez Drégan (Finistère) et de Zhoukoudian (Chine), estimés à environ 500 000 ans, ils permettaient jusque-là de fixer l'« âge plancher » du feu fabriqué et circonscrit dans de véritables foyers.

En attendant que les estimations s'affinent, se précisent ou se corrigent, on peut au moins affirmer

1. Goren-Inbar N., Alperson N., Mordechai E. K., Simchoni O., Melamed Y., Ben-Nun A. et Werker E., 2004, « Evidence of hominin control of fire at Gesher Benot Ya`aqov, Israel », *Science*, 304, p. 725-727.

de façon certaine que c'est entre 500 000 et 800 000 ans que l'homme est devenu capable de craquer délibérément sa première allumette. Comme cette géniale maîtrise d'une énergie nouvelle ne s'est pas produite partout en même temps, la guerre du feu a très bien pu avoir lieu. Après tout, un demi-million d'années plus tard, tout le monde ne sait pas encore domestiquer le feu nucléaire...

Le fameux site de Zhoukoudian[1]

Dans les années 1920, un prospecteur minier suédois travaillant en Chine, Johan Gunnar Andersson, se prend de passion pour la paléontologie et suggère à ses compatriotes de l'Université d'Uppsala de venir fouiller ce qu'il n'a le temps, lui, que de repérer. Un étudiant autrichien d'Uppsala, Otto Zdansky, est envoyé sur place et engage des fouilles au lieu-dit Zhoukoudian, à 50 kilomètres de Pékin, dans un remplissage de grotte au plafond en partie effondré.

Dès juillet 1921, alors qu'il tamise les sédiments, le voilà qui découvre une première dent d'homme fossile, puis une seconde. Aussitôt qu'il fait part publiquement de sa découverte (en 1926), Davidson Black,

1. Chronique du 12 janvier 2004.

anatomiste canadien en poste à Pékin, réunit des crédits et se tourne, à son tour, vers l'Université d'Uppsala, qui accepte d'envoyer un second étudiant, Birger Bohlin. Les fouilles reprennent à Zhoukoudian en 1927. Une nouvelle dent étant rapidement mise au jour, Davidson Black décide avec Otto Zdansky de décrire et de nommer un homme fossile nouveau qu'ils baptisent *Sinanthropus pekinensis*, « homme chinois de Pékin » que l'on sait aujourd'hui être un *Homo erectus* de 500 000 ans. Les fouilles se poursuivent, et c'est le 2 décembre 1929 que Weng Chung Pei, l'un des scientifiques chinois de l'équipe, découvre le premier crâne.

Davidson Black étant mort d'une crise cardiaque en 1934, c'est le jésuite français Pierre Teilhard de Chardin qui reprend le chantier. Quand les menaces de guerre avec le Japon obligent à arrêter les fouilles en 1937, le bilan est déjà riche, puisqu'on compte 14 crânes, 11 mandibules, 147 dents isolées, 7 fémurs et 2 humérus. Trois ans plus tard, la guerre éclate entre la Chine et le Japon. Les Chinois, voulant mettre à l'abri cette précieuse collection, la confient à l'ambassade des États-Unis à Pékin. Les fossiles, embarqués sur un train, puis sur un bateau, ont alors été détruits ou égarés, on ne le sait pas – ce que l'on sait, c'est qu'ils n'ont jamais réapparu. Mais, depuis cette date, à plusieurs reprises, de nouvelles fouilles ont été entreprises et quelques nouveaux fossiles humains ont été recueillis[1].

Je conduis à Zhoukoudian, depuis 1994, avec l'appui de la Fondation EDF, sous la double autorité de l'Unesco et de l'Académie chinoise des sciences, une triple opération d'entretien du site, de mise en valeur de ses résultats et de nouvelles recherches qui ont notamment permis de mettre en évidence, par différentes méthodes non invasives, trois zones susceptibles de contenir de nouvelles grottes ; des carottages vont y être réalisés.

Une petite tête[2]

On doit à Richard Potts et à son équipe la découverte de fragments d'un crâne adulte d'*Homo erectus* dans le site d'Olorgesailie au Kenya[3]. Ces os humains sont associés à un très bel outillage acheuléen et peuvent être datés d'environ 1 million d'années. Certes, ce

1. L'année 2004 était l'Année de la Chine en France et 2005 celle de la France en Chine.

2. Chronique du 12 juillet 2004.

3. Potts R., Behrensmeyer A. K., Deino A., Ditchfield P. et Clark J., 2004, « Small Mid-Pleistocene hominin associated with East African acheulean technology », *Science*, 305, p. 75-78. J'en profite pour souligner l'extrême patience et la ténacité des préhistoriens et des paléoanthropologues, puisque le site d'Olorgesailie, découvert en 1942 et abondamment fouillé pendant des années, a donc fini par fournir (en 2004), après des tonnes de pierres taillées, les premiers restes de leur artisan.

n'est ni le premier *Homo erectus* découvert au Kenya ni le plus ancien. Certes, ce n'est pas non plus le plus récent. En revanche, c'est de façon certaine le plus petit que l'on ait jamais mis au jour. Si la capacité crânienne, estimée à 800 cm^3, n'est pas la plus faible qu'on connaisse, les dimensions du frontal et du temporal sont, en revanche, les plus basses jamais mesurées.

Entre 1 million et 500 000 ans, *Homo erectus,* que l'on pourrait appeler « homme second », puisqu'il succède et descend d'un des hommes premiers (*Homo habilis* ou *Homo rudolfensis),* occupait la totalité de l'ancien monde (Afrique, Europe, Asie). De mon point de vue, en effet, c'est probablement l'homme premier qui s'est déployé sur toute cette surface et qui s'est transformé, là où il était, en homme second. On peut imaginer que, de la même manière, cet homme second se soit transformé en « homme troisième », c'est-à-dire en homme moderne, en *Homo sapiens*, là où il se trouvait alors. Dans quelques provinces du monde, au Maghreb par exemple, mais aussi en Extrême-Orient, on a d'ailleurs la démonstration assez convaincante du glissement continu de cet *Homo erectus* de moins en moins *erectus* en *Homo sapiens* de plus en plus *sapiens*. Si tel était le cas, on aurait alors affaire à une succession de grades, une évolution le long d'un continuum, et non un escalier d'espèces clairement distinctes et, du même coup, incapables de la moindre interfécondité.

Malgré son crâne et sa face robustes, son petit encéphale, ses forts bourrelets au-dessus des yeux et à l'arrière du crâne, son front et son menton fuyants et sa calotte crânienne très épaisse, *Homo erectus* est cet homme qui a inventé les outils symétriques, maîtrisé le feu et créé la méthode Levallois de taille (éclat prédéterminé). Pendant plus de 1 million d'années, *Homo erectus* a joué un rôle tout à fait central dans notre évolution biologique.

Les expositions de l'été[1]

Pour le Paléolithique, c'est-à-dire cette période qui couvre des dizaines et même des centaines de milliers d'années, deux expositions sont visitables. Celle, très soignée, très documentée, qui se tient au Natur-Musée de la ville de Luxembourg et qui porte le nom de *Glaciatica*. Elle résulte d'une collaboration fructueuse entre le Musée national d'histoire naturelle, le Musée national d'histoire et d'art, tous deux du Luxembourg, le jardin botanique de Bonn et d'autres institutions encore. Elle concerne les hommes, les faunes et les flores des périodes glaciaires, notam-

1. Chronique du 18 juillet 2005. Citons encore l'exposition *L'Homme préhistorique et son environnement*, au Musée de la préhistoire des gorges du Verdon, à Quinson, et l'exposition *Mammouth et Compagnie* au Musée d'histoire naturelle et d'ethnographie de Colmar.

ment la dernière, mais traite aussi des glaciations elles-mêmes, de leur origine astronomique, de leur déroulement, de leur traduction géologique et atmosphérique. Un certain nombre d'animaux de la grande faune würmienne ont été reconstitués pour la circonstance – mammouths, rhinocéros, aurochs, antilopes saïga – et un certain nombre de plantes du couvert végétal de la toundra ou de la steppe sont présentées dans une serre réfrigérée. Quant aux restes archéologiques exposés, qui datent de la dernière ou de l'avant-dernière époque glaciaire, ils proviennent évidemment préférentiellement de sites luxembourgeois ou proches du Luxembourg.

Une autre exposition a retenu tout notre intérêt : *Il y a 160 000 ans à la grotte du Lazaret*. Elle se tient au Musée Terra Amata à Nice. La grotte du Lazaret, située elle aussi à Nice, a abrité un campement de chasseurs de cerfs. On y a retrouvé l'emplacement de leur tente et, sous cet abri, des foyers et des litières faites de matelas d'algues et de couvertures en peaux de loup. Les algues avaient évidemment disparu et les peaux de loup aussi : il a donc fallu toute la rigueur, quasi policière, de l'équipe de préhistoriens pour parvenir à ces conclusions. De petits coquillages marins, inféodés aux algues, avaient, eux, été conservés, et c'est leur répartition autour des foyers qui a permis de préciser la position des litières, leur extension et leurs limites. Quant aux peaux de loup, ce sont les griffes, seules rescapées de la décomposition, toutes situées sur les bords des litières, qui ont dessiné d'elles-mêmes l'étalement des peaux. Il vaut mieux, en effet, quand on dort sous une peau de loup, en avoir les pattes vers l'extérieur, pour une raison toute simple de confort...

Un Neandertal gastronome[1]...

M. Charles Bourdais, maire de Mont-Dol en Ille-et-Vilaine, a donné solennellement à l'école primaire de sa commune le nom de Simon Sirodot. Simon Sirodot est, en effet, ce professeur de zoologie, doyen de la faculté des sciences de Rennes, qui, dans les années 1870, a fouillé le désormais fameux site préhistorique et paléontologique blotti au pied sud-est de l'îlot granitique que l'on appelle le Mont-Dol[2]. C'est là, en effet, au bord d'une vaste plaine riche en gros gibier, à l'abri des vents du nord, qu'un petit groupe de néandertaliens s'était installé il y a un peu plus de 100 000 ans. Simon Sirodot, qui fouilla d'ailleurs fort bien pour son époque, y recueillit, outre de très nombreux outils, surtout en silex et un peu en quartz,

1. Chronique du 8 septembre 2003.
2. Sirodot M., 1885, *L'Âge du gisement du Mont-Dol (Ille-et-Vilaine)*, Paris, Association française pour l'avancement des sciences, p. 478-482.

en dolérite, en grès, en phtanite, une quantité extraordinaire d'ossements d'animaux, consommés ou non – mammouths, chevaux, rhinocéros laineux, aurochs, rennes, cerfs mégacéros, mais aussi ours des cavernes, loups, lions et blaireaux. À cette liste ancienne, des tamisages récents de sédiments laissés par Simon Sirodot ont permis à Jean-Laurent Monnier et à ses collaborateurs d'y ajouter l'ours brun, la panthère, le renard, le cuon, le sanglier, le daim, le chevreuil, le bison et le bouquetin, ainsi qu'une demi-douzaine de rongeurs – le campagnol des champs, le campagnol des hauteurs, le campagnol nordique, le rat taupier, le lemming gris et la marmotte[1].

Toute cette faune décrit un milieu de steppe, sèche sur le tertre, humide en bas, avec quelques bosquets alentour, le tout dans un climat beaucoup plus froid qu'il ne l'est aujourd'hui. Les traces de décarnisation, lisibles sur les os des grands herbivores, les stries faites au silex, les fracturations d'allure intentionnelle et les signes de désarticulations prouvent la nature de « rejets de cuisine » d'une grande partie de cette accumulation d'ossements. Étant donné l'équi-

1. Giot P.-R. et Monnier J.-L., 1975, « Deux sites du Paléolithique moyen en Bretagne : le Mont-Dol et Bréhat-Goaréva. Nouvelles données et comparaisons », *C. R. Acad. sc.*, 280, série D, p. 1433-1435 ; Monnier J.-L. et coll., 1995, « Analyse des données anciennes et contributions à la connaissance et à la datation du gisement moustérien de Mont-Dol (Ille-et-Vilaine) », *Baie du Mont-Saint-Michel et marais de Dol. Milieux naturels et peuplements dans le passé*, Saint-Malo, Centre régional d'archéologie d'Alet, p. 3-26.

pement de la population, on peut penser qu'au moins les plus grosses de ces bêtes – le mammouth, le rhinocéros, le bison et l'aurochs – étaient ramassées et rapportées au campement sous forme de charognes.

Mais les 700 dents de mammouth que Simon Sirodot a soigneusement collectées et qui sont aujourd'hui conservées au Muséum national d'histoire naturelle de Paris et à la faculté des sciences de Rennes nous apprennent cependant autre chose. Il faut se souvenir que 6 molaires de taille croissante se succèdent dans la vie du mammouth, à la manière d'un tapis roulant, sur chacune de ses demi-mâchoires, supérieures et inférieures. Autrement dit, les dents présentes sur les mâchoires recueillies donnent l'âge de l'animal consommé. Or la collection du Mont-Dol offre peu de 6e molaires, assez peu de 5e, mais beaucoup de 2e, 3e et 4e molaires. On peut en conclure que non seulement l'homme chassait véritablement le mammouth, mais qu'il chassait plus volontiers les jeunes que les vieux – un animal jeune est toujours plus facile à capturer et plus tendre à déguster... Il ne nous reste plus maintenant qu'à imaginer, à partir de toutes ces informations, une Bretagne glaciaire où galopaient des mammouths et des bisons, poursuivis par des Neandertal, courageux et malins, habiles et gastronomes, heureux de vivre dans cette région que les humains donc trouvée belle depuis au moins 700 000 ans...

Apprendre à s'adapter[1]

Durant les 3 derniers millions d'années, notre Terre a été soumise à une succession, parfois rythmée, de périodes froides et de périodes moins froides. Et c'est à l'occasion d'une de ces périodes moins froides que les premiers habitants de l'Europe, venus d'Afrique par le Proche-Orient, sont arrivés sur notre petit continent avant de se retrouver piégés, une fois installés, par le retour d'une nouvelle période froide. De cet isolement est né, à terme, une humanité particulière, celle appelée néandertalienne.

Pendant les périodes glaciaires, l'Europe offrait, bien sûr, de grands glaciers sur les Pyrénées, les Alpes et, plus à l'est, le Caucase, et l'Oural, mais surtout un immense inlandsis au nord, c'est-à-dire une énorme masse de glace, allant jusqu'à 2 000 à 3 000 mètres d'épaisseur (comme aujourd'hui au Groenland). Les niveaux de la Méditerranée et de l'océan étaient alors beaucoup plus bas et la mer du Nord était sèche. Pendant les périodes interglaciaires, les glaces fondaient, les mers montaient ou se remplissaient ; à l'est, les mers Caspienne et Noire, la mer de Marmara et la Méditerranée se rejoignaient, formant une gigantesque barrière d'eau.

1. Chronique du 16 février 2004.

Les contours de ces masses de glace ou d'eau et de terre, à permafrost ou pas, ont évidemment varié en fonction des différentes époques et les peuplements de néandertaliens fluctué en fonction des espaces disponibles et du degré de rigueur des climats. Les préhistoriens ont imaginé, souvent un peu *a priori*, que ces néandertaliens n'avaient pas pu monter très au nord de l'Europe, étant donné les conditions climatiques qui y sévissaient la plupart du temps. C'était sans compter sur l'extraordinaire curiosité, l'incroyable bougeotte des hommes et sur la douceur de certains épisodes interglaciaires.

En effet, Erik Granqvist a découvert, dans le sud-ouest de la Finlande, un site incontestablement occupé par des néandertaliens il y a 80 000 ans[1]. Il s'agit d'une sorte d'abri, dit Grotte-aux-loups, ouvert dans le granite, d'environ 30 mètres de profondeur et 1,50-2,20 mètres de hauteur de plafond. Les hommes y avaient aménagé le sol en bouchant les trous avec des galets et s'étaient installés sur des litières de bruyère au voisinage de deux foyers. La mer Baltique était alors plus haute qu'aujourd'hui, la Grotte-aux-loups formait une île et le climat de la Finlande était bien plus doux. Quelques millénaires plus tard, la mer sera à 70 mètres en dessous de son niveau actuel et

1. Granqvist E., 2004, « Neandertal dans le Grand Nord », *Archéologia*, 407, p. 16-20.

2 000 mètres de glace recouvriront la grotte de nos amis néandertaliens.

Belle leçon pour nos contemporains ! Dans notre histoire, rien n'a jamais été stable, les climats ont toujours changé et il n'y a aucune raison pour que l'on conserve, dans l'avenir, ce dont on jouit aujourd'hui. L'important n'est donc pas de s'efforcer de maintenir ce qui existe, l'effort serait vain, mais d'apprendre à s'adapter aux changements qui s'esquissent.

Un clin d'œil de Neandertal[1]

L'homme, comme chacun le sait maintenant, est né en Afrique, et c'est à partir de ce berceau tropical qu'il s'est déployé sur toute la Terre, en Eurasie d'abord, en Amérique et en Océanie ensuite. Arrivé en Europe il y a au moins 2 millions d'années, il se retrouve prisonnier des glaces pendant les glaciations et prisonnier de l'eau pendant les périodes interglaciaires. L'isolement de notre petit continent fait que son peuplement humain se met à dériver génétiquement. Au lieu de devenir *Homo sapiens* comme en Afrique ou en Asie, l'homme en Europe devient un homme particulier : l'homme de Neandertal, *Homo neandertalensis*.

1. Chronique du 26 janvier 2004.

C'est en Europe que les anthropologues ont d'abord cherché et trouvé des traces d'hommes fossiles, et ce sont, par suite, des restes d'hommes de Neandertal qu'ils ont mis au jour en premier (Belgique, 1830 ; Gibraltar, 1848 ; Allemagne, 1856). La découverte de cet homme fossile-là a désespéré ses auteurs par son *look* : visage boursouflé et projeté, front et menton fuyants, puissantes arcades sus-orbitaires, corps court et râblé, forte cage thoracique... Ils l'ont décrit comme un arthritique qui aurait pris des coups sur la tête, comme une créature rachitique et laide, massive, brutale et vulgaire – en un mot, effrayante ! Ces descriptions ont beau avoir 100-150 ans, le nom même de Neandertal continue aujourd'hui de susciter les mêmes préjugés, ou presque. Et pourtant...

Et pourtant, une découverte inattendue, faite par Jean-Claude Marquet, réhabilite Neandertal, s'il en était besoin. Il s'agit de la collecte, dans un de ses habitats, d'un objet en silex, mesurant environ 100 millimètres sur 90 et qui avait déjà naturellement une vague allure de tête humaine[1]. Amusé par cette ressemblance, il semble qu'un Neandertal, s'en soit saisi et l'ait un peu retouché avant d'insérer, dans

1. Marquet J.-C. et Lorblanchet M., 2003, « A Neanderthal face ? The protofigurine from La Roche-Cotard, Langeais (Indre-et-Loire, France) », *Antiquity*, 77, n° 298, p. 661-670.

un orifice traversant le caillou, un petit fragment osseux dépassant de chaque côté. L'effet de l'ensemble est saisissant : on dirait, cette fois, vraiment un portrait, du front jusqu'à la bouche, l'éclat osseux ajouté dessinant les paupières. Découvert en Indre-et-Loire, à La Roche-Cotard, il aurait au minimum 32 800 ans. Bien sûr, les anthropologues doutent de sa nature fabriquée ; ils y voient un concours de circonstances et ne peuvent imaginer facilement qu'un Neandertal ait été capable de penser à assembler ainsi deux pièces. Peut-être ont-ils raison. Mais peut-être s'agit-il d'un joli clin d'œil, plein d'humour, d'un de ces hommes évidemment moins stupides qu'on ne les imagine encore. En tout cas, il me plaît de le penser[1].

Les entretiens de Saint-Césaire[2]

Question : pourquoi les *Entretiens de la préhistoire* se sont-ils établis dans le charmant petit village de Saint-Césaire en Charente-Maritime ? D'abord, parce

1. Marquet J.-C., 1999, *La Préhistoire en Touraine*, Éditions CLD. Jean-Claude Marquet y décrit cette découverte, mais aussi bien d'autres.

2. Chronique du 14 juillet 2003. Les 4 et 5 juillet 2003 avaient lieu à Saint-Césaire, en Charente-Maritime, les *Entretiens de la préhistoire*. Il s'agissait de la 2e édition de ces entretiens, de fréquence annuelle et de fréquentation internationale, destinés à la fois aux scientifiques qui se rencontrent en colloque et au grand public auquel ces scientifiques tiennent à s'adresser.

que c'est là, en 1979, qu'a été découvert le squelette d'une jeune néandertalienne d'environ 18 ans surnommée Pierrette – d'après le nom (La Roche-à-Pierrot) de l'abri-sous-roche où elle avait été inhumée ; ensuite et surtout parce que c'est ce site daté d'environ 35 000 ans qui a fourni la première démonstration de la contemporanéité de deux humanités dans cette partie au moins de l'Europe, l'homme de Neandertal, auteur d'une culture dite chatelperronienne, et l'homme de Cro-Magnon, auteur d'une culture dite aurignacienne. Que tous les amoureux de la préhistoire notent donc bien dans leur agenda l'existence annuelle de cette manifestation, d'autant que désormais, toujours à Saint-Césaire, un parc préhistorique a été ouvert...

Neandertal l'inventeur[1]

Comme je le disais juste au-dessus, un grand parc préhistorique s'est donc ouvert dans la commune de Saint-Césaire en Charente-Maritime, parc auquel on a donné le nom de Paléosite. En 1976, François Lévêque,

---

Cette année-là, le colloque qui réunissait des collègues de France, mais aussi d'Italie, d'Angleterre et des États-Unis, portait sur les comportements des hommes de Neandertal. Quant à la rencontre avec le public, elle mobilisa environ 1 300 personnes, et c'était, pour une fois, la même estimation de la part de la police et des organisateurs...

1. Chronique du 20 juin 2005.

conservateur en chef du patrimoine, avait, en effet, été appelé sur ces lieux à la suite de la mise au jour, au cours de l'aménagement d'une champignonnière, d'une très grande quantité de pierres taillées. Il s'y était rendu et s'était ainsi retrouvé à fouiller douze ans cet abri-sous-roche, dégageant successivement 17 niveaux archéologiques, compris entre l'époque moustérienne (outils sur éclats), vieille de quelque 40 000 années, et l'époque aurignacienne (outils laminaires) qui survient 10 000 ans plus tard, en passant par les cultures de transition, déjà à lames, qu'on nomme châtelperroniennes et qui remontent à environ 35 000 ans.

Comme tous les scientifiques, les préhistoriens aiment bien les limites nettes entre les cultures et, du même coup, entre leurs artisans. Pour cette raison, ils ont longtemps affirmé qu'au moustérien à éclats, fabriqué par l'homme de Neandertal, avaient succédé les outillages à lames beaucoup plus élaborés, châtelperronien et aurignacien, fabriqués par l'homme de Cro-Magnon. Or voilà que, du niveau châtelperronien à lames, François Lévêque extrayait, en 1979, un squelette que Bernard Vandermeersch, alors professeur à Bordeaux, identifiait de manière formelle comme étant celui d'un néandertalien[1] !... Si Nean-

1. Levêque F. et Vandermeersch B., 1981, « Le néandertalien de Saint-Césaire », *La Recherche*, 119, p. 242-244.

dertal a certes bien fabriqué des outils sur éclats, le débitage laminaire de la pierre n'en a pas moins commencé avec lui, et non avec *Homo sapiens*, jugé jusque-là seul capable intellectuellement d'une telle ingéniosité...

Pour en revenir au Paléosite, disons que c'est un lieu amusant et instructif. En qualité d'experts scientifiques, Bernard Vandermeersch et moi-même, avons travaillé dix années, avec de nombreux partenaires, sur son concept, son contenu et la façon de l'offrir à ceux, et ils sont nombreux, qui aiment la préhistoire.

Passage à l'est[1]

Takeru Akazawa et Sultan Muhesen ont fouillé pendant treize ans les remplissages moustériens de la grotte de Dederiyeh (Syrie)[2]. La grotte de Dederiyeh, dont le nom signifie « double entrée » en kurde, est située à 400 kilomètres au nord de Damas et à 60 kilomètres d'Alep. L'un des résultats les plus extraordinaires des fouilles qui y ont été menées est la découverte, en 1993, de la sépulture néandertalienne d'un enfant de 2 ans, suivie, en 1997, de la découverte d'une autre

1. Chronique 3 mai 2004.

2. Akazawa T. et Muhesen S. (éd.), 2003, *Neanderthal Burials : Excavations of the Dederiyeh Cave, Afrin, Syria*, Auckland, K.-W. Publications, 394 p.

sépulture, également néandertalienne, d'un second enfant à peu près du même âge. L'âge géologique de ce dernier squelette, le plus jeune des deux, est estimé à environ 50 000 ans.

Le contexte culturel est celui de ce qu'on nomme l'industrie moustérienne du Levant, globalement comparable, malgré quelques différences, à l'outillage contemporain d'Europe. Quant au paysage, c'est un mélange de steppe (gazelles et rhinocéros) et de bois (cerfs, daims, aurochs et sangliers) à l'époque de la première sépulture. Un environnement plus humide accompagne la seconde. Les enfants ont, l'un comme l'autre, une anatomie typiquement néandertalienne, avec des os du nez très larges, un crâne en bombe et un squelette massif. Tous deux sont enterrés dans des fosses creusées à cet effet. Le premier squelette, qui est le mieux conservé, a une pierre calcaire pour oreiller et un silex près du cœur. Faut-il le rappeler ? L'espèce *Homo neandertalensis* est née en Europe il y a sans doute plus de 1 million d'années, par isolement de ses premiers peuplements. C'est un déploiement d'ouest en est, il y a quelque 200 000 ans peut-être, qui a fait refluer cette fascinante espèce humaine vers le Proche-Orient et l'Orient, le Liban, Israël, l'Irak, l'Ouzbékistan et, donc, la Syrie.

Neandertal et Cro-Magnon[1]

Neandertal et Cro-Magnon, deux des plus célèbres hommes fossiles de toute la préhistoire, ne finissent jamais de faire parler d'eux. Voici, pour le moment du moins, le scénario qui explique leur histoire de la façon la plus convaincante.

Né en Afrique tropicale, *Homo* se répand à partir de son berceau à travers toute l'Afrique et l'Eurasie, prenant des formes successives que l'on nomme *habilis, ergaster* et *erectus*. Alors qu'il s'est dispersé dans tout l'ancien monde, survient une très forte glaciation qui coupe l'Europe du reste du continent. Pris au piège européen, enfermé, *Homo erectus* s'isole, dérive et finit par se changer en *Homo neandertalensis* dès 1 million d'années au moins, tandis que son congénère d'Afrique et d'Asie, lui, évolue en *Homo sapiens*. Mais l'histoire ne s'arrête pas là. Arrive le grand jour de la rencontre : quand *Homo sapiens*, venu d'Afrique et d'Asie, se répand sur le sol européen, il tombe inévitablement sur Neandertal qui est déjà là depuis bien longtemps. Cette rencontre a eu lieu il y a 50 000 ans à peine et nos deux espèces cohabiteront pendant plusieurs milliers d'années.

1. Chronique du 30 août 2004.

Dans cette histoire, deux grandes interrogations demeurent : ces deux humanités, de même origine, séparées pendant plusieurs centaines de milliers d'années et qui, finalement, se retrouvent, se sont-elles métissées, ont-elles été interfécondes ? Et ensuite, pourquoi l'une d'elles, la néandertalienne en l'occurrence, s'est-elle éteinte ? À la première de ces deux questions, David Serre, de l'Institut Max-Planck de Leipzig, et huit collaborateurs, dont André Langaney, Mario Chech et Philippe Mennecier du Muséum de Paris, ont apporté un début de réponse[1]. Comparant les brins d'ADN mitochondrial prélevés sur 24 Neandertal et 40 *Homo sapiens* européens comptant parmi les plus anciens, ils ont pu confirmer le fait que, malgré un long voisinage, il n'y a pas eu de grande contribution génétique néandertalienne au pool génétique d'*Homo sapiens* en Europe (Cro-Magnon). Bien sûr, cela n'exclut pas un apport modeste qui pourrait ne pas encore avoir été perçu. On ne connaît toujours pas, en effet, l'effectif respectif des deux populations durant leur cohabitation, et le nombre d'analyses réalisées à ce jour, bien qu'il ait augmenté de belle manière, n'est encore pas suffisant pour apporter une conclusion

1. Serre D., Langaney A., Chech M., Teschler-Nicola M., Paunovic M., Mennecier P., Hofreiter M., Posaert G. et Pääbo S., 2004, « No evidence of Neandertal mtDNA contribution to early modern humans », *Public Library of Science (PLoS) Biology*, 2 (3), p. 313-317.

statistiquement satisfaisante. Peut-être avons-nous donc un peu de Neandertal en nous, mais alors vraiment pas beaucoup. Quant à dire pourquoi celui-ci s'est éteint, c'est encore un autre problème...

Chapitre 4

LES MOINS VIEUX HUMAINS

La plus vieille parure[1]

Le sujet peut paraître futile, mais l'étude des « bigorneaux » se révèle parfois instructive. C'est, du moins, ce que démontre avec brio le travail de Marian Vanhaeren et Francesco d'Errico sur 41 petits escargots sud-africains[2]. Ces gastéropodes, du genre *Nassarius kraussianus,* qui ont pour particularité d'être tous percés au même endroit et de la même manière, sont datés de 75 000 ans et proviennent du remplissage de la grotte Blombos, laquelle est ouverte sur l'océan Indien, au sud-est de l'Afrique du Sud. Très probablement percées par l'homme pour être enfilées et réaliser ainsi une parure, d'ailleurs très élégante, ces coquilles pourraient constituer la plus ancienne manifestation d'ornementation du corps connue à ce jour.

1. Chronique du 31 mai 2004.

2. Henshilwood C., d'Errico F., Vanhaeren M., Van Niekerk K. et Jacobs Z., 2004, « Middle stone age shell beads from South Africa », *Science*, 304, 404 p.

Dès 3 millions d'années, et même un peu plus, le premier homme, à moins que ce ne soit un préhumain, qui a eu l'idée de taper sur un caillou avec un autre caillou pour en changer la forme, a bien dû choisir la matière des deux pierres quand il a voulu mieux maîtriser sa frappe et mieux contrôler la réalisation de la forme à laquelle il souhaitait aboutir. C'est dire si la perception des formes et la maîtrise de leur acquisition sont des appréhensions très anciennes dans l'histoire de l'esprit humain, quasiment contemporaines de l'émergence de la conscience. L'histoire de l'homme est donc, comme celle de la matière inerte et celle de la matière vivante, l'histoire d'une complexité croissante et d'une organisation grandissante. En autres termes, c'est l'histoire d'un progrès.

Aux environs de 1,7 million d'années, l'homme reproduit dans la taille la symétrie qu'il observe depuis longtemps dans la nature. Vers 500 000 ans, c'est une technique de taille particulière, la technique dite Levallois, qu'il invente dans une partie importante du monde – une telle technique permet de préparer, par plus d'une douzaine de coups d'allure aveugle pour l'observateur, l'enlèvement de l'éclat programmé. Et puis, comme en atteste le collier de coquilles de blombos, voici que, aux environs de 75 000 ans, survient un nouveau progrès dans la perception des formes et d'ailleurs aussi des couleurs : il s'agit cette fois d'une perception esthétique, même si cette perception se mêle à des considérations symboliques et sacrées. L'étape suivante sera, vers 50 000 années, la projection de formes sur des objets mobiliers et des parois immobilières et que l'on appellera « art ».

La croissance du cerveau[1]

En raison de nos excellentes relations, tant professionnelles que personnelles, avec les collègues indonésiens, le professeur Teuku Jacob de l'Université de Jogjakarta de l'a bien voulu prêter aux chercheurs du laboratoire d'anthropologie de l'université de Bordeaux le fameux crâne dit de Modjokerto. Il s'agit d'une pièce particulièrement importante, car tout à fait exceptionnelle par son âge géologique et individuel : géologiquement, ce crâne pourrait, en effet, avoir 1,8 million d'années, ce qui en ferait l'un des plus vieux habitants de Java et, individuellement, il pourrait s'agir du crâne d'un tout jeune *Homo erectus* puisque mort à 1 an à peine.

Le nettoyage et le passage au scanner du crâne ont révélé à Jean-Jacques Hublin et son équipe[2] que le

1. Chronique du 1er novembre 2004.

2. Coqueugniot H., Jacob T. et Hublin J.-J., 2001, « Révision de l'âge individuel de l'enfant de Modjokerto (Java, Indonésie) », *Bull. mém. Soc. anthrop. Paris*, n. s., t. 13, 1-2, p. 164.

petit Modjokerto était peut-être, dès ce tout jeune âge, en possession de 72 à 84 % de son cerveau d'adulte. Ce constat est essentiel dans la compréhension de la spécificité de notre espèce *sapiens* actuelle et, il faut bien le dire, de son génie. Un bébé chimpanzé de 1 an est, en effet, porteur d'un cerveau qui représente 70 % du cerveau d'un chimpanzé adulte ; au même âge, un de nos bébés humains aujourd'hui n'aura atteint que la moitié du volume cérébral adulte.

Voilà, tout est dit ! La mise au monde précoce du nouveau-né d'*Homo sapiens*, laquelle est survenue pour des raisons mécaniques – il n'y a pas de doute, nous avons la grosse tête ! –, a interrompu la vie fœtale et fait progresser du même coup la capacité d'apprendre. On retrouvera le merveilleux livre du docteur Raymond Houdart, *Le Cerveau de l'hominisation*, dans le chapitre 9 « Transversales », qui fait remonter à *Homo erectus* la discontinuité dans la vitesse de croissance du cerveau. En vérité, c'est clairement à *Homo sapiens* qu'il faut l'attribuer, et cela pourrait expliquer la prévalence, à terme, d'*Homo sapiens* sur l'homme de Neandertal en Europe et sur l'homme de Java en Indonésie.

Attention tout de même : ce retard de la croissance s'inscrit lui aussi dans une longue histoire. L'éruption différentielle des dents des ramapithèques ou des kényapithèques, il y a 15 millions d'années, montre déjà un début de ralentissement qui allonge l'enfance et l'adolescence, temps pour apprendre. Ensuite, ce phénomène est allé en s'accentuant avec les autres espèces et le temps jusqu'à atteindre un record chez l'homme et, plus spécialement, chez *Homo sapiens*.

L'Ève africaine[1]

Que sait-on de cet Homme, que l'on nomme avec emphase *Homo sapiens sapiens*, alors qu'on ne cite que rarement les sous-espèces lorsqu'on parle de ses prédécesseurs *Homo habilis*, *Homo ergaster* ou *Homo erectus*[2] ? Eh bien, on sait que les 6,5 milliards d'êtres humains d'aujourd'hui appartiennent à cette sous-espèce et qu'ils sont même d'une étonnante homogénéité dans leur diversité. On sait aussi qu'il y a un demi-million d'années, d'autres êtres humains sont là, qui couvrent l'Afrique et l'Eurasie, et que ce ne sont pas des *sapiens sapiens*. C'est donc entre ceux-là et ceux-ci que sont apparus, quelque part ou partout, ces fameux hommes que nous sommes.

La jeune génétique se penchant sur un seul caractère, caractère transmis par les femmes, a d'abord proclamé l'origine africaine d'*Homo sapiens* et couronné

1. Chronique du 8 décembre 2003.

2. Voir l'article de deux amis anthropologues, Éric Crubézy et José Braga : Crubézy E. et Braga J., 2003, « *Homo sapiens* prend de l'âge », *La Recherche*, p. 30-35.

une Ève souvent maladroitement confondue avec Lucy. S'intéressant ensuite à d'autres caractères, elle a fait rouler le berceau de l'humanité vers le monde pygmée, toujours en Afrique, puis vers les mille et une nuits proche-orientales. Le radicalisme a même conduit certains à faire naître notre espèce d'une toute petite population démographiquement insignifiante, dont l'interfécondité avec les populations installées 2 millions d'années avant elle ne se posait même pas. Mais les sciences grandissent, et on admet aujourd'hui que des gens nouveaux d'extraction africaine ont pu s'établir et s'inter-féconder avec des gens anciens installés dans toute l'Eurasie : un bilan en réseau devient ainsi plus raisonnable.

La question de l'origine de l'espèce *sapiens* n'en est pas résolue pour autant. En Chine et au Maroc, certains paléoanthropologues croient voir *Homo erectus* devenir peu à peu *Homo sapiens*. S'agit-il alors d'une évolution graduelle, d'une sapientisation d'*erectus* partout où il se trouve ? Mais, par ailleurs, chaque fois qu'un fossile d'*Homo sapiens* de plus de 100 000 ans est découvert en Afrique tropicale – on l'a vu récemment avec *Homo sapiens idaltu* – d'autres paléoanthropologues en concluent à la « confirmation » de l'origine africaine de l'espèce qui se serait ensuite déployée, comme l'avait fait le premier homme 2,5 millions d'années plus tôt. Encore aujourd'hui, cette partie-là du problème demeure entière.

Discontinuité ou continuité[1]

En 1997, à Herto, dans l'Afar éthiopien, Tim White, professeur à l'Université Berkeley en Californie, et son équipe mirent au jour les restes de 3 crânes d'*Homo sapiens* anciens. Il fallut attendre quelques années pour qu'ils soient reconstitués, qu'on les date (160 000 ans) et qu'on leur donne un nom (*Homo sapiens idaltu*)[2].

Quelques années plus tôt, en 1988, sur la plage d'Oranjemund, en Namibie, Daan Marais, superintendant de la mine d'Auchas, avait ramassé, après une crue du fleuve Orange, une superbe calotte crânienne d'*Homo sapiens* ancien. La calotte fut identifiée dix ans plus tard par Brigitte Senut, professeur au Muséum de Paris, alors qu'elle était invitée à dîner chez ce collègue minier qui en avait fait un chandelier. Son âge est estimé à 50 000-100 000 ans[3].

Le problème que contribuent à éclairer ces deux découvertes est celui de l'émergence de l'homme moderne. Le genre *Homo* est d'origine tropicale et africaine et c'est à partir de ce berceau qu'il a peu à

1. Chronique du 28 juillet 2003.

2. White T. D., Asfaw B., DeGusta D., Richards G. D., Suwa G. et Howell F. C., 2003, « Pleistocene *Homo sapiens* from Middle Awash, Ethiopia », *Nature*, 423 (6491), p. 742-747.

3. Senut B., Pickford M., Braga J., Marais D. et Coppens Y., 2000, « Découverte d'un *Homo sapiens* archaïque à Oranjemund, Namibie », *C. R. Acad. sc.*, 330, série 2, p. 813-819.

peu, il y a plus de 2 millions d'années, agrandi son territoire, couvrant d'abord l'Afrique, puis l'Eurasie. Il est alors *habilis*, il va devenir *erectus*. Et puis cet *erectus* s'est fait *sapiens*. Les fossiles intermédiaires, *Homo erectus* évolué ou *Homo sapiens* archaïque, en sont la preuve.

Reste un débat qui divise les scientifiques : cette évolution que je viens de retracer s'est-elle faite en un seul endroit et c'est alors l'Afrique qui est favorite ou bien a-t-elle, au contraire, eu lieu partout à la fois, en Afrique et en Asie ? Les généticiens, frappés par l'homogénéité des 6 milliards d'*Homo sapiens* que nous sommes, sont en général plutôt favorables à l'idée d'un foyer unique pour l'homme moderne – qu'on repense à la fameuse Ève africaine qui a fait fureur dans les médias il y a quelques années ! Ce foyer, à partir duquel il se serait déployé sur toute la Terre, aurait même été, aux dires de certains, sans interfécondité avec les autres populations l'ayant devancé ! Pour d'autres, en revanche, l'idée du foyer unique et du déploiement consécutif doit être couplée avec l'idée d'une hybridation possible avec les populations établies avant l'arrivée d'*Homo sapiens*. Chez les paléontologues, on retrouve ces deux positions, mais aussi une troisième : la sapientisation d'*Homo erectus*. Pour la démontrer, ces paléontologues s'appuient sur la spécificité régionale de la fréquence de tel caractère ou de telle association de caractères et sur le maintien de la même fréquence tout au long du parcours qu'a suivi le peuplement de ces provinces depuis des centaines de milliers d'années.

Diversité et unification[1]

L'homme est né sous les tropiques d'Afrique, il y a quelque 3 millions d'années et, fort de son adaptation réussie à la sécheresse du moment, il est très vite devenu conquérant et expansionniste. À partir de son berceau circum-équatorial, il a étendu son territoire dès 2,5 millions d'années, à l'ensemble du continent africain puis, par le Sinaï et le Proche-Orient, à toute l'Eurasie, de l'Extrême-Occident à l'Extrême-Orient, jusqu'aux latitudes tempérées d'environ 40°-50° nord. Le cycle des glaciations lui a alors joué un tour, l'enfermant en Europe à l'ouest et à Java à l'est. Dans ces deux provinces, et sans doute beaucoup d'autres devenues des isolats par la force des choses, les premiers peuplements ont évolué vers des formes un peu particulières d'humanité, l'homme de Neandertal en Europe, le pithécanthrope à Java,. tandis que ces mêmes premiers peuplements se faisaient *sapiens* en Afrique et en Asie continentale.

Il fut donc un temps, entre quelques centaines (au moins) et quelques dizaines de milliers d'années,

1. Chronique du 28 juin 2004.

où l'Ancien Monde s'est trouvé peuplé de trois humanités (au moins), de même origine certes, mais d'évolution divergente par dérive génétique. Puis, il y a quelque 50 000 ans environ, la situation changea et l'initiative en revint à *Homo sapiens*, l'homme moderne.

Cet homme, qui occupe l'Afrique et l'Asie continentale – on l'appelle de manière plus locale proto-Cro-Magnon en Israël et proto-Wadjak au Vietnam – va se lancer dans un deuxième grand élan de conquête et d'expansion. C'est alors qu'il passe en Amérique à pied, en Australie en radeau, mais aussi en Europe et à Java. En Amérique et en Australie, il ne rencontrera personne ; en Europe et à Java, il fera la connaissance des peuplements antérieurs. Quelques milliers d'années de cohabitation viendront à bout, chaque fois, de l'une des deux espèces coexistantes : en Europe comme à Java, c'est *Homo sapiens* qui s'imposera.

Pour un paléontologue, qui est un historien, les dates sont essentielles et quand on découvrit, en Roumanie, à Pestera cu Oase, des restes incontestables d'*Homo sapiens*, vieux de 34 000 à 36 000 ans, il sut que c'était une découverte capitale, car elle fixait précisément et pour la première fois l'âge du déploiement de l'homme moderne du Levant vers l'Europe occidentale[1].

---

1. Trinkaus E., Moldovan O., Milota S., Bîlgar A., Sarcina L., Athreya S., Bailey S. E., Rodrigo R., Mircea G., Higham T., Ramsey C. B. et Van der Plicht J., 2003, « An early modern human from the Pestera cu Oase, Romania », *PNAS*, 100, n° 20, p. 11231-11236.

Dix mille ans plus tard, c'est cet homme-là qui aura totalement supplanté l'homme de Neandertal dans l'ensemble de la péninsule européenne.

Out of Africa (2)[1] ?

L'histoire de l'origine et du déploiement de l'homme moderne, *Homo sapiens*, à travers la planète tout entière, est une histoire toujours débattue. S'agit-il d'une simple évolution de l'*Homo erectus* qui le précède, là où il se trouve, scénario que j'ai appelé « *Out of nowhere* » ? Ou bien s'agit-il de l'émergence de l'espèce nouvelle *sapiens* à partir d'*Homo erectus* en un seul foyer, lequel se situerait en Afrique, avec un déploiement eurasiatique il y a 100 000 ans quasi identique à celui d'*Homo habilis* il y a 2,5 millions d'années, scénario qu'on nomme « *Out of Africa 2* ».

Les décryptages d'ADN mitochondrial semblent actuellement plaider en faveur du second scénario, avec une seule deuxième sortie d'Afrique et un déploiement rapide le long des côtes de l'océan Indien[2].

1. Chronique du 23 mai 2005.

2. Macaulay V., Hill C., Achilli A., Rengo C., Clarke D., Meehan W., Blackburn J., Semino O., Scozzari R., Cruciani F., Taha A., Shaari N. K., Raja J. M., Ismail P., Zainuddin Z., Goodwin W., Bulbeck D., Bandelt H. J., Oppenheimer S., Torroni A. et Richards M., 2005, « Single, rapid coastal settlement of Asia revealed by analysis of complete mitochondrial genomes », *Science*, 308, p. 1034-1036 ; Thangaraj K., Chaubey G., Kivisild T.,

Vincent Macauley, de l'Université de Glasgow, a ainsi étudié des aborigènes de Malaisie, implantés là de manière continue depuis des dizaines de milliers d'années. Kumarasamy Thangaraj, de Hyderabad, s'est, quant à lui, penché sur l'ADN des mitochondries des cellules de populations des îles Andaman et Nicoban. Les conclusions de l'un et de l'autre chercheur semblent se rejoindre. Parti il y a 150 000 ans des côtes de l'Afrique, on retrouverait *Homo sapiens* en Malaisie et à Andaman entre 60 000 ans et 65 000 ans et puis, peu après, en Indonésie et en Australie. Une seule vague de 500 à 2 000 personnes par installation et un déplacement de 4 kilomètres par an maximum auraient suffi pour que l'Amérique soit atteinte il y a 30 000 ans. Prudence toutefois avant d'y voir une conclusion définitive : toute analyse moléculaire ou génétique doit prendre en considération les informations de la paléontologie, notamment celles concernant les dates de départ. Et puis l'histoire ne dit pas comment les nouveaux colonisateurs ont été accueillis par les anciens qui occupaient, ne l'oublions pas, toute l'Eurasie depuis déjà 2 millions d'années !

Reddy A. G., Singh V. K., Rasalkar A. A. et Singh L., 2005, « Reconstructing the origin of Andaman islanders », *Science*, 308, p. 996.

Le corridor de Béring[1]

Vladimir Pitulko de l'Institut pour l'histoire de la culture matérielle de l'Académie russe des sciences et quelques-uns de ses collaborateurs ont annoncé la découverte en Sibérie orientale, sur les bords du fleuve Yana, d'un site préhistorique du Paléolithique supérieur[2]. La découverte est intéressante en elle-même, mais elle l'est d'autant plus que l'habitat se situe au 71e degré de latitude nord et qu'il est daté, et apparemment bien daté, d'une trentaine de milliers d'années. De très nombreux outils, près de 400, presque tous en silex, se décomposant en éclats, retouchés ou non, pointes, grattoirs, galets taillés sur une face ou sur deux, y ont été collectés en deux campagnes de fouilles. Ils y sont associés à des ossements de mammouth, rhinocéros, renne, cheval, bison, bœuf musqué, ours, lion, loup, renard, lièvre, etc. Ces ossements qui ont été recueillis, pour un tiers d'entre eux, dans la couche archéologique, proviennent d'animaux chassés. Un des os de cheval porte d'ailleurs encore fiché en lui un éclat de silex.

1. Chronique du 5 avril 2004.

2. Pitulko V. V., Nikolsky P. A., Girya E. Yu., Basilyan A. E., Tumskoy V. E., Koulakov S. A., Astakhov S. N., Pavlova E. Yu. et Anisimov M. A., 2004, « The Yana RHS site : humans in the Arctic before the last glacial maximum », *Science*, 303, p. 52.

Il y a déjà eu, çà et là, des découvertes d'objets tendant à faire penser à un peuplement humain très ancien très au nord du continent eurasiatique et une mission russo-norvégienne avait même déjà avancé une date de 40 000 ans, mais jamais encore une preuve aussi indiscutable n'avait été donnée d'une véritable implantation humaine à la fin de l'interglaciaire, juste avant la dernière glaciation. Cette découverte a réveillé les collègues américains qui doutent de l'ancienneté, pourtant patente, du peuplement de leur continent d'adoption. Si les hommes se trouvaient bel et bien au bord du Béring il y a 30 000 ans, on ne voit pas ce qui les aurait empêchés de passer en Alaska, lorsque le détroit s'est vidé de son eau, mobilisée par les glaces, et s'est couvert de la même steppe que celle existant auparavant sur ses deux rives.

D'intéressantes similitudes ont d'ailleurs pu être observées entre les outillages de l'Extrême-Orient de la Sibérie et de l'Extrême-Occident de l'Amérique. La tradition culturelle des pièces taillées en pointe va par exemple se retrouver sur d'immenses territoires et pendant de très vastes périodes de temps puisqu'elle est caractéristique des grandes civilisations de chasseurs d'ongulés des prairies d'Asie septentrionale et d'Amérique du Nord (pointes de Clovis, pointes de Folson) et qu'elle marque aussi de son cachet les équipements des chasseurs de baleines et de phoques, conquérants des terres septentrionales du Canada et du Groenland.

Mammuthus[1]

Le mammouth est un éléphant à l'histoire singulière, né en Afrique, il y a 4 à 5 millions d'années – j'ai découvert le crâne de la première espèce connue, *Mammuthus subplanifrons,* en Éthiopie en 1975, dans le niveau géologique vieux de 3 millions d'années qui nous avait livré Lucy. Dans un premier temps, il se répand à travers son continent natal, puis arrive vers 2,5 millions d'années en Eurasie en passant par le Proche-Orient : il devient alors *Mammuthus meridionalis.* Les glaciations survenant, il s'adapte peu à peu au froid, et ce dès 1,5 million d'années : on l'appelle alors *Mammuthus trogontherii* puis, à partir de 250 000 ans, *Mammuthus primigenius*, le « mammouth laineux », qui est le plus fameux, celui qu'on trouve peint ou gravé dans tant de nos grottes et congelé dans le sous-sol de la Sibérie.

Son adaptation à la rigueur des températures s'est déclinée de diverses manières. Sa peau, de 2,5 centimètres d'épaisseur environ, s'est d'abord équipée vers l'intérieur d'une couche de graisse d'une dizaine de centimètres ; et puis le sommet de la tête et le début du dos à la hauteur du garrot ont développé des réserves de graisse, réalisant le crâne « en dôme »

1. Chronique du 29 septembre 2003.

et le dos « en pente » si caractéristiques de sa silhouette. La queue s'est rétrécie ; elle n'a plus qu'une vingtaine de vertèbres au lieu des 30 à 33 vertèbres de la queue des éléphants vivants, queue qui se terminait d'ailleurs par un petit fouet chasse-mouches. Les oreilles aussi ont joué sur la réduction de leur taille pour offrir le moins de prise possible au froid et un développement de chaire, dit opercule anal, a poussé au-dessus de l'anus, pour le fermer à la demande, évitant ainsi le refroidissement intérieur. Enfin une somptueuse toison, composée d'un sous-poil fin, serré et clair et d'un long pelage auburn tombant en houppelande presque jusqu'au sol, a achevé de protéger ce beau mammifère de 5 à 6 tonnes et 3 à 3,50 mètres de hauteur. Une paire de superbes défenses spiralées (défenses qui sont des incisives supérieures comme chacun sait), plus fortes chez les mâles (puisqu'il leur arrive de dépasser les 4 mètres de long et les 90 kilos alors que les défenses de 2 mètres ne sont pas rares chez les femelles), a contribué à donner à ces animaux leur port altier.

Or les mammouths, aussi protégés furent-ils, ont quand même fini par s'éteindre, surpris par des changements subits de température qu'ils n'avaient pas prévus. La plupart sont morts vers 10 000 à 12 000 années, au moment du réchauffement climatique de la fin de la dernière glaciation, mais les tout derniers n'ont disparu que vers 3 700 ans, soit

1 700 ans avant Jésus-Christ. On a retrouvé leurs restes dans les terres gelées de l'île Wrangel, à l'extrémité nord-est de la Sibérie, Sibérie qui est précisément l'immense territoire qui a conservé, en chair et en os, et depuis des dizaines de milliers d'années, des quantités de ces animaux dans son permafrost[1]. Or un préhistorien, on l'imagine, cherche toujours par définition l'homme. N'y aurait-il pas eu un jour un chasseur Neandertal (qui sait ?), Cro-Magnon en tout cas, qui, par maladresse ou accident, aurait glissé avec son gibier dans un de ces marigots dont il n'aurait pas pu s'extraire et s'y serait fait congeler pour 10 000, 20 000, 30 000, 40 000 ans peut-être ? C'est en tout cas un espoir que je nourris. Et je le nourris d'autant plus que je sais qu'un collègue russe a découvert une vertèbre de mammouth – datant de 30 000 ans – où était encore plantée la pointe de la lance du chasseur[2]. Le chasseur au congélateur n'est peut-être plus très loin...

1. Une expédition appelée *Mammuthus*, sous la conduite de Bernard Buigues et ma direction scientifique, a repris depuis 1998, et avec un grand succès, les recherches dans les toundras de ce Grand Nord asiatique.

2. Il l'a présenté au congrès sur les mammouths du Yukon (communication personnelle).

Tautavel[1]

Tautavel, dans les Pyrénées-Orientales, à moins d'une demi-heure de Perpignan, est, comme chacun sait, un haut lieu de la préhistoire française. Depuis quarante ans, des restes humains de près d'un demi-million d'années y sont régulièrement mis au jour. Lieu de rencontre, Tautavel est aussi un joli village où les préhistoriens et toutes les personnes que la préhistoire intéresse peuvent s'attendre à ce qu'on leur montre des choses nouvelles.

L'exposition intitulée *Mammouth, mythes et préhistoire*, qui se tenait au Palais des congrès de Tautavel, a ainsi pu montrer, outre un séduisant mammouth grandeur nature, de nombreuses pièces anatomiques et archéologiques – des cartes, des tableaux, des jeux interactifs, liés à l'histoire originale de l'animal symbole des temps préhistoriques. Ce même Palais des congrès proposait aussi une autre exposition tout à fait exceptionnelle sur les premiers Européens – exceptionnelle, en effet, car seule en France à présenter les moulages des étonnants restes humains découverts depuis seulement une dizaine d'années en Géorgie, en Italie et en Espagne, et vieux de quelques centaines de milliers à presque 2 millions d'années. Rappelons que

1. Chronique du 24 novembre 2003.

les restes mis au jour dans le Caucase et attribués à *Homo georgicus* ont 1,81 million d'années et que, même si le peuplement de l'Europe, qui en est issu, a le même âge, les plus anciens fossiles humains de notre petit continent n'ont pas plus de 900 000 ans. C'est notamment le cas du fossile italien de Ceprano, dit *Homo cepranensis* ou des fossiles espagnols d'Atapuerca, dits *Homo antecessor*, situés, eux aussi, entre 800 000 et 900 000 ans. Toute cette filiation européenne est, en fait, une dérive génétique dite *néandertalisation*, homogène jusqu'à ce que *Homo sapiens* arrive à son tour du même Proche-Orient, aux alentours de 40 000 ans. Une série de petits théâtres optiques, nouvelle technique très insolite, raconte la préhistoire tout le long du parcours de cette exposition qui est chronologique. Enfin, n'oublions pas la troisième exposition, celle pérenne, mais sans cesse renouvelée, du musée, inscrivant les découvertes du site dans l'ensemble de l'histoire de l'humanité.

Yukagir[1]

Comment expliquer l'engouement que nous avons pour cette belle, mais grosse bête, éteinte depuis presque 4 000 ans qu'est le mammouth ? C'est la fête du

1. Chronique du 19 avril 2004.

mammouth, il y en a partout : au Muséum d'histoire naturelle, dans les *Dossiers d'archéologie*[1], dans *Science et vie*, dans *Pour la science* et même dans les quotidiens. S'il y a ainsi du mammouth à toutes les sauces, c'est dû à la conjonction de deux événements. D'une part, le Muséum présente une très belle exposition dite *Au temps des mammouths*[2] qui, à elle seule, raconte tout sur le mammouth et propose quatre ouvrages : le dossier de presse (un vrai livre), le catalogue de l'exposition, l'album et, pour les enfants, un joli livre amusant, *Les Dessous du mammouth*[3].

D'autre part, l'opération Mammuthus de la société Cerpolex, menée cette année en Iakoutie, annonce la découverte d'un nouveau mammouth congelé, appelé Yukagir, du nom du lieu de sa découverte. Il y a beaucoup de cadavres de mammouths dans le pergélisol de Sibérie et ce n'est pas nécessaire d'en annoncer à chaque fois la découverte, mais ce cadavre-là est apparemment mieux conservé que les autres. On en a retrouvé la tête, couverte de son pelage roux d'origine et plantée de ses deux défenses de plus de 3 mètres chacune. On

1. Collectif, 2004, « Les Mammouths, l'évolution et les races, la place des Mammouths dans la vie quotidienne des hommes préhistoriques », *Dossiers d'archéologie*, 291, mars 2004, 96 p.

2. Cet événement France-Info était organisé dans la grande galerie de l'évolution au Jardin des Plantes.

3. Foucault A. et Patou-Mathis M. (éd.), 2004, *Au temps des mammouths*, Éditions du Museum et Philéas Fogg, 189 p. ; Philippo S., 2004, *Les Dessous du mammouth*, Paris, Muséum d'histoire naturelle/Tourbillon, 48 p.

en a aussi retrouvé une des deux pattes antérieures, superbe, enveloppée de son manchon de peau et de poils et encore dotée d'une partie de sa musculature. Yukagir a une petite cinquantaine d'années d'âge individuel et 20 000 ans d'âge géologique, et c'est un mâle[1]. Comme son camarade Jarkov, mammouth âgé de 20 000 ans, ce mammouth soulève les questions que nous connaissons bien : à quoi sert le programme Mammuthus et pourra-t-on un jour cloner le mammouth ? Réponses : le programme sert la connaissance, ce qui pourrait suffire, mais il sert aussi à mieux comprendre ce que sont, par le menu, les changements climatiques, puisque ces mammouths en ont bel et bien été les victimes. Quant au clonage, on n'en maîtrise pas pour le moment la réalisation, mais il reste technologiquement possible à terme, ce qui fait rêver bien des scientifiques, à commencer par votre serviteur…

Peuplements d'Arctique[2]

Que sait-on aujourd'hui sur le peuplement si particulier de l'Arctique – particulier, car merveilleusement adapté à cette immense région qui va de l'Alaska

1. Buigues B., 2000, *Sur la piste du mammouth*, Paris, Robert Laffont, 279 p. ; Latreille F., 2000, *Mammouth*, Robert Laffont, 191 p.
2. Chronique du 18 octobre 2004.

et des multiples îles de Banks, Victoria, Ellesmere, Devon, Baffin, du Grand Nord canadien au Groenland, au Spitzberg et à l'arc puissant des terres sibériennes[1] ? On a, bien sûr, peu l'habitude en Europe de regarder la Terre par ce bout de la lorgnette : nos cartes ont toujours ou presque l'Atlantique au milieu et, donc, l'Amérique à gauche et l'Eurasie à droite. L'Arctique correspond au dernier cercle septentrional des continents américain et eurasiatique. Son étonnante continuité côté Sibérie-Alaska se combine avec une tout aussi étonnante discontinuité côté Groenland-Spitzberg-Scandinavie-Russie. C'est d'ailleurs, bien logiquement, cette géographie qui a guidé les pas des hommes de Sibérie en Amérique et d'Amérique au Groenland, sans passage plus à l'est. Mais ce peuplement ne concerne probablement que les 50 derniers milliers d'années et il faut lui chercher des racines culturelles en pleine Eurasie. La diversification de son mode de vie, de ses équipements et de son art s'est faite ensuite au fil des déplacements et des adaptations – certaines chasses aux grands mammifères marins, par exemple.

C'est un peuplement que j'appellerai « en sablier », même si l'image n'est pas parfaite, car il a rempli

1. Plumet P., 2004, *Des mythes à la préhistoire. Peuples du Grand Nord I*, 322 p. et *Vers l'« Esquimau ». Du mammouth à la baleine. Peuples du Grand Nord II*, 288 p., Errance.

l'Afrique, puis l'Eurasie, du sud au nord et, après le passage par le Béring généreusement émergé, l'Amérique et le Groenland, mais, cette fois, du nord au sud. Ce peuplement s'est fait, en outre, à des époques climatiquement perturbées. Il a fallu, en effet, une glaciation, la dernière, appelée anciennement Würm (ici) et Wisconsin (en Amérique), pour vider le détroit de Béring et il a fallu une déglaciation pour ouvrir à nos chasseurs les îles du Nord canadien et du Groenland et, bien sûr, leurs côtes. Pour s'amuser, on pourrait dire qu'il a fallu aux hommes l'annuaire des marées pour mettre le pied, sans s'en rendre compte d'ailleurs, dans le nouveau monde, et l'annuaire des glaciers pour descendre de la poche alaskienne vers l'Amérique du Centre et du Sud et monter au Groenland.

L'arrivée dans un nouveau monde[1]

Le vieux débat sur l'âge des premiers peuplements humains du « nouveau monde » cessera-t-il un jour[2] ? On le sait, l'homme est né sous les tropiques d'Afrique il y a quelque 3 millions d'années et c'est à partir de cet

1. Chronique du 15 décembre 2003.

2. Chlachula J., 2003, « Controverse sur l'âge des premiers Américains », *La Recherche*, 370.

unique berceau qu'il s'est déployé, atteignant l'Eurasie d'abord, l'Océanie et l'Amérique ensuite.

Qu'on considère le tout premier peuplement, celui qui est parti d'Asie, les expéditions des Vikings ou le voyage de Christophe Colomb, l'Amérique est dans tous les cas le *nouveau* monde, mais chiffrer ce que signifie cet adjectif n'en est pas moins très différent à chaque fois : on dira 1492 pour notre navigateur préféré, un peu plus d'un millénaire pour Erik le Rouge, mais pour le premier chasseur-cueilleur sibérien passant le Béring, en bateau ou à pied, les estimations varient en gros entre 10 000 et 100 000 ans, ce qui est beaucoup.

Le détroit de Béring, qui n'a pas 100 kilomètres de large et 100 mètres de profondeur, a été émergé à chaque fois que la période était froide et l'eau mobilisée par les glaciers. Pas plus que Christophe Colomb n'a compris qu'il redécouvrait l'Amérique, notre chasseur-cueilleur, qui n'a pas vu la moindre rive entre le Kamchatka, le Yukon et le Mackenzie, n'a sans doute compris qu'il mettait le premier pied humain sur un sol nouveau. Le Béring s'est ainsi couvert de pâtures il y a 100 000 ans, 75 000 ans, 30 000 ans, 20 000 ans, 12 000 ans. À certaines de ces époques, l'homme savait naviguer. Il a donc très bien pu, un beau jour, s'impatienter devant l'isthme qui ne se vidait pas assez vite et passer en radeau de l'autre côté, voire caboter le long des côtes occidentales d'Amérique.

Parmi les « dateurs » de cet événement, il y a toujours eu deux tendances : les partisans des longues chronologies, souvent centre ou sud-américains, et les partisans des chronologies courtes, voire très courtes, souvent du nord de l'Amérique. Le fait que le Tchèque, Jiri Chlachula ait retiré de sous les moraines de l'Alberta des pierres incontestablement taillées d'une bonne trentaine de milliers d'années a tout de même fait évoluer la situation. Si les nordistes acceptent ces résultats, nous pourrions nous trouver devant une situation plus raisonnable que celle dans laquelle s'est enlisée l'archéologie américaine depuis des dizaines d'années ! Ladite archéologie ne voulait, en effet, voir personne avant les artisans des fameuses pointes en pierre taillée dites de Clovis, ces fameux objets dont peuvent s'enorgueillir les cultures paléo-indiennes qui les créèrent. « *Clovis first* », ne cessaient-ils de répéter. Mais il y a tout de même au Brésil des foyers apparemment bien datés dune bonne cinquantaine de milliers d'années...

Le Groenland[1]

D'où est venu le peuplement esquimau du Groenland, cette île de glace, et quand ? C'est vers l'ouest qu'il convient de regarder, vers l'Amérique et puis au-delà, vers l'Asie ; il faut aussi compter quelques bons milliers d'années.

Lorsque les glaciers couvrent l'Amérique du Nord, de l'océan Pacifique à l'océan Atlantique, le détroit de Béring est émergé. Les hommes passent ainsi d'un continent à l'autre, de la Sibérie à l'Alaska, sans le savoir, et ce sûrement à plusieurs reprises. La première culture préhistorique qui se retrouve en Alaska, au Yukon et sur les terres canadiennes de Victoria, de Baffin et d'Ellesmere, dès que la fonte de la dernière glaciation ouvre ces territoires aux chasseurs, est vieille d'une quinzaine de milliers d'années ; elle ne l'est que de 5 au Groenland.

La culture groenlandaise paléo-esquimau de l'Indépendancien (dite aussi Predorset et Dorset) est l'œuvre de chasseurs de caribous et de bœufs musqués, mais aussi de mammifères marins, de phoques et de morses. Ces chasseurs sont armés d'arcs, de flèches et

1. Chronique du 27 octobre 2003. Se tenaient alors, à Dijon, organisées par le groupe de recherche en écologie arctique, les journées du Groenland.

équipés de petits outils de pierre (microlithes). Bien que semi-nomades, ces gens qui sculptent la pierre et inventent le ski construisent des maisons, parfois de grandes maisons de plus de 40 mètres de long. Ces premiers établissements humains du Groenland se rencontrent au nord-est du pays, vers le fjord de l'Indépendance, mais aussi à l'ouest, dans la baie de Disco à Saqqaq. Ils ont donc presque cinq millénaires.

Dans les régions sibériennes, aléoutiennes et nord-américaines, une nouvelle culture, dite néo-esquimau ou thuléenne, va naître il y a 2 000 à 3 000 ans seulement. Ce sont encore des chasseurs, mais ils ont élargi leurs compétences à la chasse à la baleine, équipé leurs harpons de flotteurs en peau pour ne plus perdre le gibier, fabriqué des baleinières insubmersibles que l'on nomme kayaks et oumiaks, inventé le traîneau à chiens. Ils habitent aussi des maisons semi-souterraines en pierre, en tourbe ou en os de baleine, équipées d'un habile sas d'entrée. Ancêtres des Esquimaux d'aujourd'hui, ils arrivent au Groenland il y a un peu plus d'un millénaire. Ils y croisent les premiers Européens, dits Vikings ou Norrois, qui sont en train de découvrir l'Islande, le Groenland et l'Amérique, mais dans l'autre sens.

La communauté scientifique s'était donc mise d'accord sur la date de 5 000 ans pour le premier peuplement du Groenland. Suite à la découverte en Islande d'un outil de pierre taillée, dont le type est connu en Alaska il y a au moins 8 000 ans, il conviendra peut-être d'ajouter quelques milliers d'années à l'âge de ce premier peuplement, car, s'il a existé, il lui a fallu passer par le Groenland pour se rendre de l'Amérique continentale à la petite Islande. De même, alors que la communauté scientifique pensait que le passage du Groenland vers la Scandinavie ne s'était *jamais* fait pour des raisons de difficulté de navigation, il se trouve qu'on a récemment relevé la gravure d'un oumiak sur des rochers de Norvège ; il faudra donc peut-être aussi ajouter quelques exceptions de ce côté-là aussi...

LES MOINS VIEUX HUMAINS

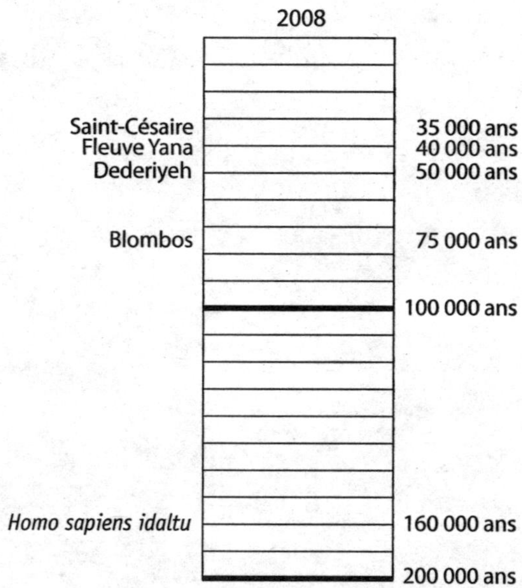

Chapitre 5

LES HUMAINS MOINS VIEUX, LES SYMBOLES ET L'ART

L'avènement de la spiritualité[1]

Les préhistoriens, en quête des premiers signes d'une certaine distanciation des hommes par rapport à la réalité matérielle[2], établissent un passionnant inventaire d'objets ou de lieux qui pourraient être révélateurs de ce dépassement. Une pierre, ressemblant à une face humaine, recueillie sur le site de 3 millions d'années de Makapansgat en Afrique du Sud, a pu, par exemple, avoir été ainsi délibérément ramassée par les hominidés de cet âge.

Des colorants, à base de minerai de fer, ont été récoltés, cette fois-là à coup sûr, par des hommes préhistoriques de plusieurs centaines de milliers d'années, aussi bien en Europe qu'en Afrique ou en Asie. Une espèce de figurine, simulant un personnage,

1. Chronique du 30 mai 2005.

2. « Les premiers sanctuaires de l'humanité », dossier coordonné par le préhistorien Marcel Otte de l'Université de Liège, *Religions et Histoire*, mai-juin 2005.

sommairement aménagé, a été trouvée dans un niveau de 280 000 années en Israël. Des objets insolites de forme (des fossiles par exemple) ou de couleur et de densité (des cristaux ou des échantillons de minerais par exemple) ont été apparemment collectés par simple curiosité par des gens du Paléolithique inférieur et moyen en Europe et en Asie.

La lecture symbolique des restes recueillis ou des lieux observés devient évidemment plus facile lorsque l'on a affaire à la fosse sépulcrale de 300 000 années de La Cima de los Huesos en Espagne, contenant 30 squelettes et 1 biface en quartzite particulièrement soigné et coloré ou, à plus forte raison, lorsque l'on se trouve en présence de véritables sépultures individuelles, avec inhumation soignée du cadavre et offrandes pour le voyage dans l'au-delà, en Europe et au Proche-Orient, à partir de 100 000 ans. Et puis à partir de 40 000 à 50 000 ans peut-être, 30 000 ans sûrement, gravures, peintures et sculptures viennent nous apporter de vrais témoignages de l'existence de lieux privilégiés, choisis ou construits pour rencontrer et servir le sacré.

La spiritualité étant une facette incontestable de la nature humaine, il semble qu'en réalité tout être conscient, qu'il soit encore préhumain ou déjà humain, doit en être porteur. Cette spiritualité, comme tous les autres caractères culturels de l'homme, va évidemment se compliquer, s'élaborer, s'affiner au fil des espèces humaines et des centaines de milliers d'années et s'organiser en religions. Il semble donc logique de penser que l'homme « philosophique », en d'autres termes l'homme doté de conscience, doit se confondre avec l'*Homo religiosus*, anxieux de savoir qui il est, d'où il vient et où il va.

La toute première écriture[1]

Il y a une cinquantaine de milliers d'années, l'homme projetait pour la première fois, sur des parois immobilières ou des objets mobiliers, les images qu'il n'avait jusqu'alors que dans la tête. Il s'agissait bel et bien, même si c'est au sens très large du terme, de la toute première écriture de l'humanité. Or l'écriture est faite pour être lue. Et toute observation pertinente nouvelle des peintures et des gravures préhistoriques participe évidemment à ce que peut devenir un jour un certain déchiffrement de ces messages.

Dans les années 1980, Mario Ruspoli, caméra au poing, avait par exemple montré que des enchaînements d'images des parois des grottes ne pouvaient se lire qu'en avançant ; le cheval renversé de Lascaux, enroulé autour d'un pilier, ne pouvait d'aucun angle être photographié en entier ; il fallait un mouvement

1. Chronique du 7 mars 2005.

pour le saisir dans son ensemble[1]. Dans les années 1990, Christine Bourg avait présenté une thèse sur « Les expressions du naturalisme dans les arts graphiques du Paléolithique supérieur. Une vision du monde des chasseurs préhistoriques ». Elle y démontrait joliment la qualité de l'observation des artistes et la belle connaissance qu'ils avaient de leur bestiaire en signant leurs œuvres de la saison de leurs exécutions ou de l'image qu'ils en avaient gardée. C'est en automne par exemple, au moment du rut, que les mâles et les femelles de rennes ont leurs plus beaux bois ; c'est, par contre, au printemps que la femelle n'en a plus. C'est au printemps que muent les bouquetins et les chevreuils, au contour figuré alors ébouriffé. C'est en automne que le larmier du cerf apparaît suintant. C'est en hiver que le saumon arrive, sa mandibule en bec, prêt pour le fret, etc. Au total, 61 figures de l'art rupestre dit franco-cantabrique ont pu être rattachées à une saison précise – 13 sont signées du printemps, 19 de l'été, 24 de l'automne et 5 de l'hiver.

La thèse de Marc Azéma est plus récente[2]. Équipé de précieux logiciels de traitement infographique et d'animation, Marc Azéma s'attache à décrypter des méthodes de figuration du mouvement des animaux gravés ou peints. Images superposées, juxtaposées,

1. Ruspoli M., 1986, *Lascaux, un nouveau regard*, Bordas, 207 p.
2. *Science et Vie*, février 2005.

donnant un dynamisme narratif, digne du dessin animé ou de la BD, signant un vrai savoir naturaliste. Citons les 5 ou 6 têtes, 5 ou 6 pattes antérieures et 2 queues d'un cheval gravé sur une plaquette de la grotte de la Marche, les 2 positions de la queue d'un bison de la grotte de Marsoulas, les 6 têtes de cerf de Lascaux, les 8 pattes du bison de la grotte Chauvet, etc. Au total, Marc Azéma comptabilise 53 figures « animées » provenant de 12 grottes. Cette première forme d'écriture, remplie d'informations précises et précieuses, n'a pas fini de nous émerveiller…

Et puis, un jour, l'homme qui sait qu'il sait a eu envie de le faire savoir[1]

Quelque 45 millions de peintures et de gravures immobilières, relevées dans 70 000 sites de 160 pays, permettent aujourd'hui de tirer un grand nombre de messages universels et de récits de tradition régionale laissés par les premiers hommes (*Homo sapiens*) qui ont eu envie de faire savoir qu'ils savaient qu'ils savaient et ce qu'ils savaient[2].

---

1. Chronique du 3 novembre 2003.
2. Anati E., 2003, *Aux origines de l'art : 50 000 ans d'art préhistorique et tribal*, Fayard, 507 p.

Il est important de rappeler que cet art premier n'émerge évidemment pas de rien ; depuis 3 millions d'années, les hommes ont changé la forme de pierres, d'os, ou de morceaux d'ivoire ou de bois. Depuis 3 millions d'années donc, ils ont peu à peu imaginé ces formes, ils les ont de mieux en mieux associées à des fonctions, tout en progressant dans la maîtrise de la taille des matériaux dans lesquels ils les fabriquaient, et puis ils les ont enseignées et, du même coup, les ont reproduites pendant des milliers d'années. Lorsqu'il y a 100 000 ans, les hommes ont recueilli pour le plaisir, minéraux aux couleurs et aux poids insolites et coquilles fossiles, et que, bientôt, ils se sont orné le corps de colliers, de bracelets, de chevillères en os, en dents ou en coquillages, il est clair qu'apparaissent mieux encore leur perception des formes et leur intérêt pour certaines d'entre elles. C'est donc bien pas à pas, au fil des centaines de milliers d'années, que l'homme s'est acheminé, vers une montée incontestable de son psychisme, que j'appelle, contre vents et marées, progrès, et vers bientôt une projection de ces formes vues, fabriquées ou imaginées sur des objets et des parois.

L'écriture qui aujourd'hui nous permet, entre autres moyens, de correspondre, n'a pas plus de 6 000 ans. Or voici, plus de 40 000 ans plus tôt, des associations de séquences, de scènes, de dessins que l'on appelle concrets et de signes que l'on nomme abstraits parce qu'on ne les comprend pas, une véritable écriture même si elle n'est pas encore linéaire. Avant l'imprimerie et à plus forte raison avant les moyens de la reprographie, voici des messages certainement unificateurs pour la société et sa foi, mais, au lieu de diffuser les messages, on réunit les gens devant leur affichage ! Nous avons bel et bien affaire là, à la plus grande, la plus ancienne, la plus extraordinaire bibliothèque du monde, une rupestrothèque ; ne la brûlons pas.

Cosquer[1]

Chargé d'expertiser la grotte Cosquer par le service de l'archéologie de la Direction régionale des affaires culturelles de Provence-Alpes-Côte d'Azur, Xavier Delestre en dresse un bilan passionnant, vingt ans après la découverte de ce site exceptionnel[2].

Exceptionnel en effet, car cette grotte, située entre Marseille et Cassis, dans le massif des calanques, 37 mètres sous le niveau actuel de la mer, se

1. Chronique du 24 janvier 2005.

2. Delestre X., 2005, « La grotte Cosquer. État des recherches (1991-2004) », *Archéologia* 418, p. 24-31. Xavier Delestre nous fait aussi part, dans cet article, des mesures de conservation prises ou à prendre ; il nous décrit la base documentaire informatisée réalisée en 2004 et désormais consultable sur le site Internet du ministère de la Culture ; enfin, il nous fait faire une superbe visite virtuelle interactive de toute la grotte.

trouvait lors des visites de l'homme de Cro-Magnon, à 10 kilomètres de la côte et 120 mètres au-dessus des eaux de la Méditerranée, rappel sévère, s'il en était besoin, de l'instabilité des climats, des niveaux des mers et des tracés des côtes. À ce jour, 481 œuvres rupestres y ont été répertoriées, 177 représentations animales, terrestres d'abord, chevaux, bouquetins, bisons, mais aussi aurochs, chamois, cerfs et félins et marines ensuite, pingouins, phoques et peut-être méduses ; quelques représentations humaines, ambiguës comme chaque fois dans cet art paléolithique (un homme apparemment tué, par exemple, traversé par une longue arme de jet), de nombreuses figurations de mains négatives aux doigts pliés et de multiples signes gravés ou peints complètent ce catalogue. De très bonnes datations ont montré que la grotte Cosquer[1] a été fréquentée à deux grandes époques, il y a 27 000 ans d'abord, puis 19 000 ans.

1. Henri Cosquer a été le découvreur de cette grotte en 1985. Jean Courtin en a été en 1991, 1992 et 1994 le premier explorateur scientifique. Avec Jean Clottes, il a d'ailleurs publié au Seuil en 1994 un très beau livre relatant ces quatre années d'exploration du sanctuaire. Clottes J. et Courtin J., 1994, *La Grotte Cosquer*, Seuil, 197 p.

Lascaux[1]

Lascaux, est-il besoin de le rappeler, est ce magnifique sanctuaire de Dordogne, daté de 15 000 à 18 000 ans, et couvert de peintures et de gravures[2]. Pendant 3 millions d'années, l'homme, en changeant lui-même les volumes et les contours des pierres sur lesquelles il frappait, s'est familiarisé avec les formes des objets qu'il rencontrait ou qu'il voulait réaliser. Et puis, il y a moins de 50 000 ans, il s'est mis à projeter sur des objets mobiliers ou sur des parois immobilières ces formes-là ou d'autres qu'il avait en tête.

Ces dessins n'étaient pas alors, bien sûr, des créations individuelles, mais des compositions sacrées, imposées par des récits mythiques à transmettre et donc à lire ou à consulter, en d'autres termes à la fois une écriture, même si elle n'était pas linéaire et une mémoire pour toute la population à laquelle appartenaient les scribes. Avant de faire parvenir aux destinataires, par tablettes, parchemins, imprimés, photocopies ou courrier électronique, le message qui leur était destiné, c'était donc les destinataires que l'on faisait

1. Chronique du 1er septembre 2003.

2. Geneste J.-M., Hordé T. et Tanet C., 2003, *Lascaux. Une œuvre de mémoire*, Fanlac, Périgueux, 142 p. Jean-Michel Geneste, préhistorien, et deux de ses amis, historiens, ont publié ce merveilleux petit livre de réflexion sur la grotte de Lascaux, accessible et érudit.

venir devant la représentation unique du message. Mais c'était déjà, sur le plan social, une fantastique manière de réunir.

À Lascaux comme dans bien d'autres grottes, c'est évidemment l'ensemble des représentations qui faisait sens, mais ce n'est pas parce que c'était un texte sacré, imposé, que l'art en était exclu. Il s'agit d'ailleurs bel et bien ici d'art premier.

Au-delà de ces considérations particulièrement importantes sur l'évolution de la pensée symbolique des hommes de ces époques et de la poussée foudroyante de leur créativité artistique, il est amusant de faire la liste de tous les éléments matériels dont ils ont eu besoin et que l'on retrouve dans les environs immédiats de leurs réalisations : cela va des restes de leurs échafaudages et des cordages qui les lient aux lampes qui les éclairaient, des silex taillés, burins et grattoirs, qu'ils ont utilisés pour graver aux pinceaux, crayons et tampons dont ils se sont servis pour peindre, des pots de peintures minérales (ocre, oxydes de fer ou de manganèse) et végétales (charbon de bois) aux palettes montrant les mélanges de leurs couleurs et même leurs mélanges chauffés, des ossements, reliefs de la nourriture qu'ils ont consommée (l'essentiel des sandwiches des artistes était à Lascaux à la viande de renne) aux os et ivoires qu'ils ont travaillés pour en faire des armes ou des outils. Cette fascinante période de l'histoire de l'humanité, que l'on nomme

Paléolithique supérieur, nous a ainsi laissé un immense livre d'images, merveilleux patrimoine, par excellence non renouvelable, à la conservation duquel nous devrions être plus attentifs.

L'art mobilier[1]

Contemporain de l'art préhistorique pariétal immobilier, il en est un autre, beaucoup plus modeste, sur galets, plaques, plaquettes de calcaire ou de schiste ou encore sur blocs rocheux. De cet art mobilier subsistent dans la région du Périgord d'abondantes pièces[2], toutes datées entre 14 000 à 11 000 ans, qui offrent un éclairage nouveau et original sur le grand art préhistorique de l'Ouest européen.

La pratique de graver des roches est certes ancienne, mais elle s'est particulièrement développée à cette époque du Paléolithique dite magdalénienne. Les objets sont toujours associés à des habitats et paraissent, pour la plupart, avoir subi un traitement particulier passant par un séjour au feu et se terminant par une destruction pure et simple ou une fragmentation, rituel que l'on ne sait évidemment pas interpréter.

1. Chronique du 5 janvier 2004.
2. Tosello G., 2003, « Pierres gravées du Périgord magdalénien : art, symboles, territoires », 36e supplément à *Gallia Préhistoire*, CNRS, 590 p.

Cet art, figuratif ou géométrique, peut être très beau, très élégant, très soigné, mais il n'en est pas moins rapidement traité, épuré, monothématique, sans recherche de composition ni d'animation. Le thème naturaliste principal à cette époque et dans cette région est incontestablement le renne, suivi de loin par le cheval, lequel est traité d'ailleurs de manière beaucoup plus schématique, et puis par une petite douzaine d'autres mammifères – biche, bouquetin, bison, aurochs, lynx, ours, etc. Vers la fin de la période considérée, c'est le thème humain, en l'occurrence le profil féminin stylisé, qui se développe préférentiellement à celui du renne.

Cet art mobilier incisé sur support rocheux qui se distingue bien, on l'a vu, de l'art immobilier, mais qui se distingue tout autant de l'art mobilier sur support osseux ou de celui en pierre, en os ou en ivoire en ronde-bosse (beaucoup plus complexe, plus structuré, plus élaboré et aux sujets différents), jouit certainement d'un statut spécial, d'un rôle dans la vie sociale, peut-être même, en ce qui concerne certaines petites pièces, comme les galets, dans la vie de l'individu.

Les premières grottes ornées « britanniques »[1]

En avril 2003 Paul Bahn, Paul Pettit et Sergio Ripoll découvraient la première grotte ornée du Paléolithique britannique. En avril 2004, le colloque *Cresswell Art in European Context* revenait sur cette découverte en réunissant les trois découvreurs et un certain nombre de leurs collègues pour faire le point sur ce sujet passionnant. Jusque-là, l'art rupestre le plus septentrional connu était celui des grottes de Gouy et d'Orival en Seine-Maritime, près de Rouen, découvert par Yves Martin. Avec Cresswell, l'art du paléolithique supérieur s'est enrichi d'élégants dessins tout en ajoutant une province inattendue à sa distribution[2].

La découverte des gravures de Church Hole, de Robin Hood's Cave et de Mother Grundy's Parlour, dans les calcaires de Cresswell, à la limite du Derbyshire et du Nottinghamshire, nous a donc fait gagner latitudinalement près de 500 kilomètres. Certes, des gravures mobilières du même âge avaient déjà été trouvées dans cette région (une tête de cheval sur

1. Chronique du 7 juin 2004.

2. Pettit P., Bahn P. et Ripoll S., 2007, « Palaeolithic cave art at Creswell Crags in European context », *English Heritage*, Oxford University Press, 292 p.

un os dans la grotte de Robin Hood ; un tracé de forme vaguement humaine dans la grotte de Pin Hole), mais aucune gravure immobilière n'avait été signalée avant cette fameuse découverte d'avril 2003.

Les chercheurs ont décrit une dizaine de figures lisibles et un certain nombre de gravures géométriques dans deux zones de Church Hole, la plus riche des trois cavités explorées. La première zone, située près de l'entrée, présente le dessin, de belle facture, d'un caprin mâle (sorte de chèvre sauvage), peut-être d'un ibex, mesurant environ 57 centimètres de long et 40 centimètres de haut. Ce dessin se situe à près de 3,50 mètres du plancher de la grotte. Dans la deuxième zone, située beaucoup plus à l'intérieur de la grotte, 4 dessins, interprétés comme des figurations d'oiseaux au long cou (flamand ou cygne) ou au bec arqué (oiseau de proie), ont été reconnus. On trouve aussi un autre petit ibex et une belle gravure de bison ou plutôt d'aurochs.

Fondé sur leur style, l'âge de ces gravures se situerait autour de 12 000-12 500 ans. Cette époque correspond en France à la fin du magdalénien et en Allemagne au *Federmessergruppen*. C'est une époque où la Manche et la mer du Nord sont exondées : les populations paléolithiques de Grande-Bretagne et du continent sont donc les mêmes ; en tout cas, elles sont en relations étroites les unes avec les autres.

Les expositions de gravures et peintures rupestres de l'été[1]

Le musée départemental d'Île-de-France à Nemours présente une exposition intitulée *Temps de rêve, Temps des hommes, 40 000 ans d'art en Australie.* L'Australie a été un territoire extraordinaire tout au long de son histoire. Relié à l'Antarctique et à l'Amérique du Sud pendant des millions d'années, il a reçu la visite des métathériens, c'est-à-dire des marsupiaux, et s'est coupé de son vaste corridor méridional il y a 65 millions d'années avant que les euthériens, c'est-à-dire les mammifères placentaires, n'y arrivent. Il n'a donc été peuplé que par cette faune marsupiale, étrange et originale, qui y a pris le temps de se diversifier (dasyres, kangourous et koalas) avant que quelques euthériens, dont les hommes, ne débarquent par une autre voie.

Les premiers humains sont, en effet, arrivés en Australie il y a quelque 60 000 ans à peine, probablement sur des radeaux, car il y a au moins 70 kilomètres de mer à traverser. Ceux venus de Papouasie Nouvelle-Guinée débarquent au cap York, tandis que ceux partis d'Indonésie arrivent en terre d'Arnhem. Les niveaux archéologiques des îles de l'Insulinde

1. Chronique du 25 juillet 2005.

qu'on peut dater de cette époque ont livré aux fouilleurs de gros nodules d'ocre au milieu de nombreux outils de pierre, ce qui laisse envisager l'existence de peintures chez les futurs conquérants de la grande île australienne. Si la date de 50-60 000 ans n'est pas confirmée, celle de 40 000 l'est incontestablement : les parois peintes du nord de l'Australie sont donc les premières manifestations humaines de ce genre au monde. Tout en gagnant progressivement l'ensemble des 7,7 millions de kilomètres carrés que compte l'île, les habitants ne cesseront plus désormais de dessiner, graver, peindre au point que quelques groupes peignent encore (certains, le caillou et d'autres, de plus en plus nombreux, l'écorce).

Évidemment, tant de milliers d'années sur une telle superficie favorisent une généreuse diversité de styles dans le temps et l'espace. On peut citer : le style de Karaké, fait d'une multitude de tracés digitaux de mieux en mieux organisés, vieux d'une vingtaine de milliers d'années, rencontré au centre-est et au sud ; le style de Panaramitee, qui englobe les milliers de petits dessins géométriques piquetés et les étonnants dessins d'empreintes animales trouvées dans les mêmes régions ; l'art mimi et l'art gwion-gwion qui ont donné sur la côte de l'océan Indien et une partie de la côte pacifique de très intéressantes fresques d'hommes rouges en train de chasser et des représentations de kangourous et d'émeus, leur gibier ; l'art radioscopique – on l'appelle ainsi, car on a l'impression de voir le squelette des animaux et des hommes qui sont figurés – qui couvre, lui, la terre d'Arnhem, les grandes figures sans bouche, la région Kimberley, les peintures polychromes d'hommes, d'animaux et d'outils, le Queensland et la superposition de chasseurs ou de kangourous et de figures de poissons, de tortues et d'oiseaux marins, la région de Pilbara. C'est bien toute la complexité du génie humain qui apparaît dans ce mélange d'expressions artistiques et de significations symboliques.

Mais il y a aussi une exposition nommée *Rupestres* au musée départemental de Solutré et une exposition intitulée *Femmes déesses* au Musée des tumulus de Bougon.

La dame de Haute-Garonne[1]

Certaines femmes fossiles sont très connues, comme Lucy d'Éthiopie (3 millions d'années), Mrs Ples d'Afrique du Sud (2,8 millions) ou Twiggy de Tanzanie (1,6 million), mais il ne faudrait pas en oublier toutes les autres, toutes celles qui ont été représentées, qu'elles soient gravées, sculptées ou

1. Chronique du 19 janvier 2004.

modelées[1]. Ma préférée est une dame de 25 000 ans, merveilleusement sculptée dans de l'ivoire de mammouth et provenant de la grotte des Rideaux à Lespugue, en Haute-Garonne[2]. Elle est la propriété du Musée de l'Homme et je l'ai fréquentée longtemps. Si tout en elle m'a immédiatement séduit, un trait de son anatomie m'a tout de même particulièrement troublé : la dame a les fesses à l'envers... La statuette mesure une quinzaine de centimètres de haut ; la femme est représentée debout et nue. De face, elle arbore un visage sans détails, des seins généreux, avec les bras posés dessus ; le bassin apparaît large et les membres postérieurs en triangle. De dos, elle a longtemps été décrite comme portant une sorte de pagne, attaché au-dessous des fesses.

Moi, je ne vois pas de pagne, mais le dos de deux personnages, féminins et opposés. Dans le sens normal, si je puis dire, il y a une première jeune femme aux cheveux raides, mi-longs : elle est assise sur les fesses d'une autre femme et son corps va jusqu'à l'amorce de l'évasement des hanches. Renversons la statuette maintenant et c'est alors qu'apparaît cette

1. La très belle et très originale exposition *Èves et Rêves* vient de revenir, après un long périple, au Musée Terra Amata de Nice, où elle est née il y a une douzaine d'années. Son sous-titre « Regards sur les femmes préhistoriques » en dit bien le contenu. On pouvait notamment y voir une collection superbe de presque 200 représentations féminines, certaines gravées, la plupart sculptées ou modelées, et datées entre 30 000 et 5 000 ans.

2. Coppens Y., 1989, « L'ambiguïté des doubles Vénus du Gravettien de France », *C. R. Acad. inscriptions et belles-lettres*, p. 566-571.

seconde femme avec des cheveux longs et soigneusement tressés tombant jusqu'à la naissance du sillon des fesses qui, cette fois, sont à l'endroit. Je préfère cette interprétation d'un riche revers, peut-être chargé d'illustrer deux classes d'âge, différant morphologiquement par des anatomies distinctes et culturellement par des coiffures codées, à celle, plus simple il est vrai, d'une dame au pagne attaché sous les fesses... Essayez et vous me direz combien de temps ça tient ! Il y a sans doute aussi, dans cette représentation, comme dans tout à l'époque, une signification sacrée, mais, en attendant de la connaître, on ne peut que saluer le génie qui a su allier maîtrise artistique et humour, humour qui participe sûrement au propre de l'homme qui tracasse tellement notre époque depuis qu'elle a découvert que nous descendions de singes !

Femmes-déesses[1]

À Neuchâtel, en Suisse, Michel Egloff a rassemblé dans une exposition qu'il a intitulée *Femmes-déesses*, 180 pièces extraordinaires – des statuettes en ivoire de mammouth du Paléolithique européen à celles en argile du Néolithique du Proche et du Moyen-Orient, des figurines en bois de l'Égypte pharaonique aux idoles des Cyclades et aux bustes romains (les

1. Chronique du 6 septembre 2004.

deux en marbre), sans oublier quelques bronzes contemporains de Marcel Mathys et Fernando Botero, le tout permettant de décliner 30 000 années de représentation de la femme à travers le monde méditerranéen et occidental[1]. Mais il y a aussi d'autres pièces, moins imposantes, mais tout aussi évocatrices. Par exemple les 3 petites pendeloques en jais, vieilles de 15 000 ans et mesurant moins de 2 centimètres chacune, découvertes près de Neuchâtel, par Michel Egloff lui-même. C'est la construction d'une autoroute qui avait conduit Michel Egloff à s'intéresser à un site magdalénien juste à la sortie du tunnel de Neuchâtel-Monruz. L'urgence des travaux l'avait d'ailleurs obligé à emporter quelques mètres cubes du niveau archéologique pour les fouiller au calme au laboratoire.

Ces pendeloques, tombées d'un collier que l'on imagine avoir été composé d'un certain nombre de figurines similaires, représentent des femmes sans tête, ni bras, ni pieds, ni seins et que l'on pourrait dire en S : la première courbe de ce profil sinueux serait la cam-

1. Situé sur les bords du lac de Neuchâtel, ce musée est un musée tout jeune qui porte le joli nom à consonance latine de Latenium. Ce néologisme vient de la latinisation du nom La Tène, site de référence du deuxième âge du fer, période qui couvre les quelques siècles qui précèdent Jésus-Christ, et qui se trouve près du musée, sur les bords mêmes du lac de Neuchâtel. C'est aussi un musée tout à fait remarquable par sa conception architecturale, son contenu et la présentation de ce contenu. Les objets y sont expliqués dans leur rôle de l'époque, ce qui évite ces juxtapositions sans fin d'objets énigmatiques et souvent brisés que nous infligent bien des vitrines de collections archéologiques...

brure bien accusée des hanches ; la deuxième correspondrait au pli de l'articulation du genou. On connaissait déjà ce type de stylisation de la représentation féminine, grâce à des dessins, de la même époque, trouvés en Rhénanie, en Dordogne et même en Normandie. Il n'empêche, ces trois Vénus de Neuchâtel sont tout particulièrement élégantes dans leur couleur, leurs modelés, leurs dimensions et leurs proportions.

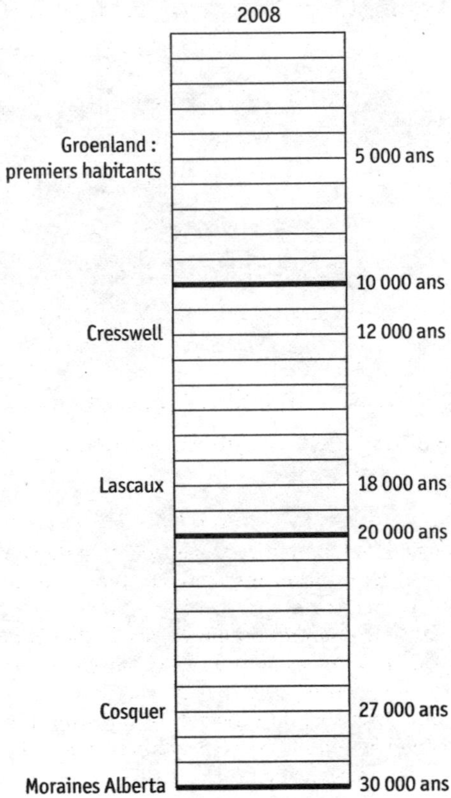

Chapitre 6

NÉOLITHIQUE

La plus vieille tombe de chat[1]

À chaque changement climatique, certaines espèces vivantes s'éteignent, d'autres migrent, d'autres s'adaptent. La fin de la dernière glaciation n'a pas fait exception à la règle : en Eurasie, les mammouths se sont éteints, les rennes et les bisons sont montés vers le nord et les humains se sont arrêtés pour mieux cueillir les graminées qui avaient mieux poussé. Et c'est à force de cueillir que l'homme a compris qu'il pouvait semer pour mieux contrôler sa récolte. Cette révolution née, au moins en partie, au Proche-Orient, a entraîné, de manière logique mais surprenante, l'apprivoisement et bientôt la domestication et l'élevage de bien des animaux susceptibles d'assister l'homme dans ses nouvelles audaces.

Il semble que le premier animal apprivoisé ait été, il y a 12 500 ans, le chien, certainement collabora-

1. Chronique du 5 juillet 2004.

teur des hommes à la chasse, mais devenu vite aussi son compagnon. L'ordre des domestications a ensuite été, à peu près partout, chèvres et moutons, puis bœufs et porcs, et puis chevaux dans les environs de la mer Noire et poulets en Extrême-Orient. On pensait que le chat avait suivi les poulets grâce à des découvertes égyptiennes de la XIIe dynastie, mais la mise au jour à Chypre (Shillourokambos) d'une sépulture de chat, *Felis sylvestris*, de 9 500 ans, associée de manière étroite à la sépulture d'un homme, montre qu'il n'en a pas été ainsi[1]. L'interprétation en est convaincante : devant les réserves de grains, nées des débuts de l'agriculture, se sont évidemment multipliés les souris grises et, derrière les souris grises, leur prédateur le chat sauvage. Il y a donc quelque chance pour que ce soit l'homme, agriculteur, qui débarquant à Chypre avec ses graines, ait emmené avec lui les souris sans le vouloir et les chats en le voulant. Et le rapprochement de l'homme et du chat s'est ainsi fait, pour des raisons d'intérêt réciproque et puis, bientôt, de complicité. La découverte d'une vraie tombe de chat, exécutée sans doute au moment de la mort de son maître pour qu'il soit inhumé à ses côtés et fasse avec lui le voyage dans l'autre monde, non seulement nous aura fait gagner 5 000 ans sur les chats égyptiens, mais

1. Vigne J.-D., Guilaine J., Debue K., Haye L. et Gérard P., 2004, « Early timing of the cat in Cyprus », *Science*, 304, 259.

nous aura offert un joli exemple de lien intéressé certes, mais aussi affectif entre l'homme et l'animal.

La gravure des mégalithes[1]

On date généralement l'art néolithique de Bretagne, qui est fait de gravures sur menhirs ou sur mégalithes entrant dans l'architecture des dolmens, entre 6 500 et 4 000 ans[2]. Cet art présente, malgré une certaine évolution, une incontestable unité. On y retrouve, en effet, sur plus de deux millénaires, les mêmes thèmes : écussons ou cartouches parfois gigognes, représentant de probables divinités bisexuées, haches ou araires, crosses ou armes, cornes ou vrais dessins de bovins ou d'ovins, serpents, arcades emboîtées, réseaux, etc.

Plusieurs découvertes complémentaires extraordinaires ont marqué l'étude de cet art dans les années

1. Chronique du 9 février 2004.

2. Guilaine J. (éd.), 2003, *Arts et symboles, du Néolithique à la Protohistoire*, séminaire du Collège de France, Paris, Errance, « Des Hespérides », 300 p. et 129 figures. L'ouvrage d'où sont extraites ces informations rassemble les communications des invités d'un des séminaires de Jean Guilaine au Collège de France. Les présentations des diverses manifestations artistiques d'Asie centrale, du Proche-Orient, du Bassin méditerranéen, du Sahara, de France (Savoie, Armorique), de Galice, du Brésil s'y succèdent et les débats qui en résultent sont passionnants. Ce sont les communications de Charles-Tanguy Le Roux et de Serge Cassen et Jacobo Vaquero Lastres qui concernent l'art néolithique de Bretagne.

1980. On en rappellera au moins l'épisode suivant. Alors qu'il fouille à Locmariaquer, Jean L'Helgouach se rend compte que la dalle de couverture du dolmen de la table des Marchands, laquelle porte des gravures interrompues, a été brisée. De son côté, Charles-Tanguy Le Roux s'aperçoit, lui, que le dessus de la dalle de la chambre sépulcrale du dolmen de l'île de Gavrinis, dans le golfe du Morbihan, normalement recouvert de pierres et de terre, porte, lui aussi, des gravures interrompues. Les deux chercheurs se concertent et finissent par conclure que les deux « tables » sont, en fait, deux des morceaux d'une seule et même dalle, dont un troisième recouvre la chambre du dolmen d'Er Grah à Locmariaquer ! Autrement dit, un même menhir d'environ 14 mètres de hauteur a donc été à l'origine gravé, puis débité en 3 blocs pour servir de couvertures à 3 chambres sépulcrales (les gravures, orientées d'ailleurs indifféremment vers l'extérieur ou vers l'intérieur de la chambre, n'avaient sûrement plus aucune importance pour les nouveaux utilisateurs).

Le fameux grand menhir de Locmariaquer, le plus grand que l'on connaisse et qui est haut, quant à lui, de 20 mètres et lourd de 350 tonnes, a été, lui aussi, successivement gravé, planté il y a 6 000 ans, puis brisé en quatre morceaux que l'on peut voir encore aujourd'hui à terre et qui étaient sans doute destinés à recouvrir eux aussi des sépultures.

Ce type de sculptures et de gravures sur granite, gneiss ou micaschiste, au sens encore discuté, qui intervenait dans des rites sacrés complexes et obscurs, signe en tout cas un moment somptueux de l'histoire mondiale de l'architecture et de l'art.

Les premières architectures monumentales du monde[1]

Félix Gaillard est ce Bordelais tellement passionné par la préhistoire armoricaine qu'il épousa une fille de la région et s'y fixa. Cette passion le conduisit à y photographier les mégalithes, dolmens et menhirs[2]. Entre les prospections de l'Écossais James Miln de Woodhill à partir de 1873 et les fouilles du Carnacois Zacharie Le Rouzic à partir de 1895, c'est cet archéologue qui joua ainsi le rôle le plus important dans l'établissement de l'inventaire des monuments mégalithiques du Morbihan et qui, en outre, et on peut lui en être reconnaissant, s'employa à les faire acquérir par l'État pour mieux les protéger.

Entre le Ve et le IIIe millénaire avant Jésus-Christ, les néolithiques qui peuplent le pays plantent en

1. Chronique du 11 août 2003.

2. La galerie du Vieux Moulin à Plouharmel dans le Morbihan expose un lot extraordinaire de photographies de Félix Gaillard prises entre 1870 et 1895.

effet des milliers de menhirs et construisent des centaines de dolmens. Les 4 grands alignements du Ménec, Kermario, Kerlescan et du Petit Ménec sur les communes de Carnac et de La Trinité-sur-Mer offrent ainsi le sanctuaire le plus impressionnant de l'époque, puisqu'il couvre 5 kilomètres d'ouest en est et compte aujourd'hui encore plus de 3 000 pierres. En ce qui concerne les sépultures mégalithiques, les dolmens, la région de Carnac par exemple en a conservé plus de 50 et il y en a une bonne centaine entre Erdeven et Plouharnel à l'ouest, Saint-Philibert et Locmariaquer à l'est, en passant par Carnac, Ploemel et La Trinité-sur-Mer.

Les plus anciennes de ces tombes sont d'énormes accumulations de terre et de pierres recouvrant caveau principal et tombelles secondaires. Le tumulus Saint-Michel à Carnac fait ainsi 12 mètres de haut, 125 mètres de long et 60 mètres de large et celui du Mané-er-Hroëk à Locmariaquer, 10 mètres de haut, 100 mètres de long et 60 mètres de large. Ces tombes dites royales, de plusieurs dizaines de milliers de mètres cubes chacune, contenaient un mobilier somptueux – on a trouvé une quarantaine de haches en jadéite verte ou en fibrolithe blanche et des centaines de pendeloques en callaïs vert bleuté dans le caveau principal du tumulus Saint-Michel, 92 haches en fibrolithe, 13 en jadéite (dont une parfaite de 35 centimètres de long), un anneau disque en jadéite, 9 pendeloques et 44 perles dans celui du tumulus du Mané-er-Hroëk. Pierre Roland Giot, préhistorien aujourd'hui décédé, s'était amusé à estimer le poids de ces monuments. Il était arrivé à 65 000 tonnes de granite pour les 10 000 pierres ayant probablement été manipulées à Carnac et à 150 000 tonnes de matériaux pour le seul tumulus Saint-Michel.

Si j'ai pris plaisir à vous faire cette petite énumération, fantastique en richesses, quantités, poids, volumes, c'est pour démontrer que le travail d'extraction, transport, construction n'a pu être effectué par les seuls habitants de ce petit territoire. C'est une main-d'œuvre naturellement très importante d'un pays beaucoup plus étendu qui est venue à Carnac construire ces temples et enterrer ses morts. Cette région était évidemment sacrée et il a fallu une société puissante, très hiérarchisée et très religieuse, une société ingénieuse et bien organisée pour que puisse naître ce qui est, ni plus ni moins, la première architecture monumentale du monde[1].

1. Profitez de votre séjour dans le Morbihan ; allez voir les photographies de Félix Gaillard à Plouharnel, le Musée archéologique Miln-Le Rouzic à Carnac, le Musée de la Société polymathique du Morbihan à Vannes et, bien sûr, les dolmens et les menhirs de ce pays choisi par les dieux du Néolithique.

Ce que nous apprennent les peintures et les gravures[1]

Le Tassili des Ajjer, plateau gréseux de 350 000 km^2, situé à l'extrême sud-est de l'Algérie, aux limites de la Libye et du Niger, est à la fois un parc national et un site inscrit au patrimoine mondial de l'humanité. C'est aussi un somptueux livre d'images de l'histoire naturelle et culturelle des dix derniers milliers d'années de cette province du Sahara. De multiples peintures et gravures en couvrent quantité de roches, sous abris ou pas, racontant l'évolution des climats et la succession des faunes, mais aussi celle des hommes, leurs vies, leurs activités, leurs mythes, leurs croyances, en ces lieux.

Les voyageurs, les militaires, les scientifiques sont évidemment passés par là depuis bien longtemps et en ont rapporté des notes de voyage, des journaux, des ouvrages qui, tous, évoquent l'existence et la beauté de ces archives sur cailloux. Mais ces évocations étaient jusque-là restées confidentielles et il a fallu qu'une personnalité courageuse et haute en cou-

1. Chronique du 13 octobre 2003. Le Musée de l'Homme organise une exposition intitulée *Tassili d'Algérie, Mémoires de pierre avant le désert*, où on peut admirer les superbes relevés d'Henri Lhote. Lhote H., 1973, *À la découverte des fresques du Tassili*, Arthaud ; Lhote H., 1976, *Vers d'autres Tassili, Nouvelles découvertes au Sahara*, Arthaud.

leur se lance dans l'exploration systématique des relevés de fresques pour les faire connaître. Ce personnage s'appelait Henri Lhote, et il convient d'associer à la mémoire de son nom, celle de son précieux guide, compagnon et prospecteur, Machar Jebrine ag Mohamed.

La première tentative de rangement chronologique de ces peintures, gravures et par suite cultures, remonte à ce travail qui a été réalisé dans les années 1950. Les grandes périodes créatrices sont alors distinguées, de la plus ancienne à la plus récente, soit de 12 000 à 2 000 ans environ et prennent les noms de Bubaline, Bovidienne, Caballine et Cameline.

La période bubaline, dite des chasseurs, est illustrée par des fresques de grands mammifères de la savane, antilopes, bubales, éléphants, girafes, hippopotames, rhinocéros, gazelles mais aussi autruches, pélicans, poissons ; les représentations humaines qui les accompagnent ou les suivent sont dites des Têtes rondes parce que les hommes y sont figurés coiffés de sortes de grands scaphandres. Les peintres appartiendraient alors à des populations noires. On parle de 8 000 à 12 000 années pour ces styles ; les plus généreux vont même jusqu'à dater certaines de 20 000 années, tandis que d'autres en font un style contemporain du style suivant ou bovidien. La période bovidienne, dite des pasteurs, souvent située aux alentours de 6 000 années, tandis que les partisans de la chronologie longue la placent entre 10 000 et 3 000 ans, est celle qui offre une vraie chronique quotidienne de ces éleveurs de bœufs, de moutons et de chèvres, dans le cadre des pâturages mais aussi des villages, de leurs cases et de leurs enclos pour le bétail ; très belles compositions qui, contrairement aux précédentes, parlent d'elles-mêmes et nous apprennent mille détails de la vie, des rites et des comportements des hommes. Les premiers bovidiens semblent avoir été mélanodermes, les suivants plus mélangés. La période caballine prend le relais et fait presque l'unanimité sur son âge de 3 000 à 3 500 ans, offrant des tableaux insolites de chevaux au galop volant et de chars montés ; des inscriptions en caractères latins accompagnent parfois ces courses et leurs auriges. Enfin, la période caméline signe l'arrivée de la sécheresse d'aujourd'hui et de ses dromadaires ; elle est datée du tournant de l'ère chrétienne et propose, elle, des légendes en caractères tifinagh. On pourrait définir de la même façon quelques périodes suivantes, il est vrai décadentes quant à la qualité de leurs représentations, avec leurs mauvaises figures piquetées de voitures et d'avions, accompagnées parfois de graffitis[1]...

1. Hachid M., 1998, *Le Tassili des Ajjer. Aux sources de l'Afrique, 50 siècles avant les pyramides*, Paris Méditerranée, 310 p., préface de Théodore Monod, gros livre très joliment illustré.

Des peintures rupestres nouvelles en Somaliland[1]

Las Geel signifie « le point d'eau des dromadaires », en langue somalie et c'est véritablement l'un des plus beaux sites de peinture de toute la région des abords de la mer Rouge, Djibouti, Érythrée, Éthiopie, Yémen, Arabie[2]. Le site comporte 16 abris naturels, creusés dans un petit massif de granite rouge, qui offrent des représentations polychromes (ocre rouge, blanc, ocre jaune, noir) animales et humaines. Les animaux sont essentiellement des bovins aux longues cornes effilées, à robe tachetée, au cou orné et très fin se terminant par une tête en tulipe ou en cloche. La plupart de ces bovins sont d'ailleurs des femelles aux pis et mamelons dessinés avec précision. Quelques autres animaux, girafes, antilopes, caprinés et surtout chiens à queue recourbée, accompagnent parfois ces vaches, abondantes mais jamais en troupeaux. Les représentations humaines, nombreuses mais moins nombreuses que les représentations de vaches, sont

1. Chronique du 12 avril 2004.

2. Gutherz X., Cros J.-P. et Lesur J., 2003, « Nouvelles découvertes de peintures rupestres dans la Corne de l'Afrique : les abris sous roche de Las Geel, République du Somaliland », *Ann. Éthiopie*, 19, 295-306. Dans le dernier *Bulletin de la Société polymathique du Morbihan*, Roger Joussaume, qui s'est joint aux trois premiers auteurs lors d'une seconde mission, en complète la description.

des figures filiformes, portant parfois des arcs, des bâtons ou des boucliers ; elles sont clairement associées aux vaches qu'elles semblent vénérer, leurs bras étant toujours dressés et écartés. Habillés de pantalons et de chemises, ces personnages semblent flotter dans l'air, comme ceux de Folon... Des signes variés peuvent être, en outre, relevés aux alentours des figures, têtes humaines ou têtes bovines par exemple, ou indépendamment d'elles.

La comparaison avec d'autres sites de la région, notamment éthiopiens, pousse à dater cette nouvelle école du IIe ou IIIe millénaire avant Jésus-Christ. Une jolie note supplémentaire originale, généreusement exprimée et vieille de 5 000 ans peut-être, est ainsi apportée à notre connaissance des cultures humaines d'Afrique et d'Arabie et à la merveilleuse diversité des réalisations culturelles de l'humanité.

De drôles de huttes[1]

Vincent Charpentier et deux de ses collègues ont publié un très bel outillage en coquillages, vieux de 4 000 à 7 000 ans et provenant des côtes de l'océan Indien, du Yémen, de l'Oman et des Émirats arabes unis. Quels que soient leur degré d'évolution, le lieu et

1. Chronique du 27 septembre 2004.

l'époque où ils ont vécu, les hommes ont toujours exploité les matériaux qu'ils avaient sous la main[1]. J'ai vu de très beaux outils taillés dans des coquillages dans la préhistoire amérindienne des Antilles et la protohistoire des lagunes de Côte d'Ivoire, dans du bois fossile aux limites du Sénégal et du Mali, dans de la nacre en Polynésie, dans de l'os d'éléphant fossile, dit éléphant antique, en Allemagne et en Espagne, dans de l'os de phoque ou de baleine au Canada ou au Groenland. Dans les immenses steppes de la Russie, de la Pologne, de la Biélorussie, de la Moravie et de l'Ukraine, ce sont des ossements de mammouths qui ont été récoltés et utilisés aussi bien pour l'architecture que pour la fabrication d'objets utilitaires ou de parure. La culture de Kostienski il y a 25 000 ans et puis, surtout, la culture de Mezirich il y a 15 000 ans ont bâti des huttes, très insolites pour nous, avec ces matériaux.

Une habitation de Mezirich est ainsi composée de 385 os de mammouths – 25 crânes, 20 bassins et 10 os longs pour la base ; 12 crânes, 30 omoplates, 20 fémurs, 15 bassins et 5 colonnes vertébrales partielles par-dessus, 35 défenses pour soutenir les peaux du toit ; 95 mandibules plaquées contre le mur à l'extérieur

1. Charpentier V., Méry S. et Phillips M., 2004, « Des coquillages... outillages des ichtyophages ? Mise en évidence d'industries sur *Veneridae* du Néolithique à l'âge du fer (Yémen, Oman, EAU) », *Arabian Archaeology and Epigraphy*, p. 1-10.

pour réaliser une double paroi ou une réserve de combustible et beaucoup de petits os, des vertèbres par exemple, ou d'os fragmentés, pour boucher les trous. En moyenne, 5 à 6 cabanes composaient chaque village et chacune avait entre 4 à 7 mètres de diamètre et entre 8 à 24 m^2 de superficie. Les cloisons, aménagées à l'intérieur, étaient faites de peaux tendues entre des os longs plantés verticalement. Des grils étaient posés de part et d'autre des foyers sur d'autres os longs, qui proposaient même parfois des systèmes de broche rotatifs grâce à l'insertion d'un os dans un autre. Et ce n'est pas fini ! Des trous forés dans les os de l'entrée représentaient très probablement des judas pour permettre au propriétaire de reconnaître le visiteur… Au total, 150 squelettes de mammouths, soit 20 tonnes d'os, auraient été nécessaires pour construire un tel village. N'oublions pas, sur les mêmes sites et à la même époque, l'utilisation de l'os de mammouth pour fabriquer des marteaux, des houes, des poinçons, des alènes, des polissoirs, des aiguilles, des armes, des statuettes et même des instruments de musique (percussion, ossophones, bracelets liés). La pierre taillée est partout dans le monde quand ses gisements affleurent, mais quand elle n'est pas là, l'homme est suffisamment habile et opportuniste pour lui trouver un matériau de remplacement, d'une efficacité souvent comparable.

Lyon avant Lugdunum[1]

Les archéologues viennent de faire reculer l'ancienneté du peuplement du site de Lyon et de ses environs et même l'origine de la ville. Dans la plaine de Vaise, sur le plateau de la Duchère ou sur celui du Point-du-Jour, ont en effet été recueillis des outils du Paléolithique supérieur et de l'Épipaléolithique, vieux de 30 000 à 10 000 ans environ et attestant de la présence de chasseurs en ces temps glaciaires et puis tardiglaciaires.

C'est encore la plaine de Vaise, sur la rive droite de la Saône, mais aussi la plaine qui s'étend sur la rive gauche du Rhône et la plaine de Saint-Priest à l'est de Lyon, qui ont livré de vrais habitats du Néolithique (tournant du VIe-V^e^ millénaire) et des âges du bronze. Pour le Néolithique final et les âges de bronze, il faut mentionner aussi les sites de la plaine des Gorges-du-Loup, du bord du plateau de la Croix-Rousse et de Bron, de Genas, de Moléron, de Venissieux ou de Rilleux-le-Pape à l'est et au nord, entre Rhône et Saône. Cette confluence, coincée entre deux collines, a eu beau bouger, c'est évidemment elle qui a entraîné à ces endroits ces très anciennes implantations humaines.

1. Chronique du 21 février 2005. Collectif, 2004, « Lyon, de la préhistoire au moyen âge, 30 ans de découvertes dans la capitale des Gaules », *Archéologia*, 415, p. 10-58.

Des maisons sur poteaux de bois, des greniers, des silos, des palissades, des boutiques d'artisans occupent, au premier âge du fer, plusieurs centaines d'hectares discontinus entre la plaine de Vaise et le sommet de la colline de Fourvière. Lors du deuxième âge du fer, c'est un vrai comptoir de commerçants romains aux maisons méditerranéennes qui y fleurit ; après quoi, les berges de la Saône accueillent un port puisque des chalands de lourd tonnage y ont récemment été mis au jour.

Il est dit, dans la pierre, que c'est un lieutenant de Jules César, Munatius Plancus, qui fonda Lugdunum, la colline lumineuse, en 43 avant Jésus-Christ. Et en effet, Lyon se couvrit alors de somptueux monuments (odéon, amphithéâtre, théâtre), mais Lyon avant Lugdunum a eu un très long passé et une très brillante implantation gauloise et protohistorique : la fameuse capitale gallo-romaine ne s'est pas construite au milieu d'un désert.

NÉOLITHIQUE

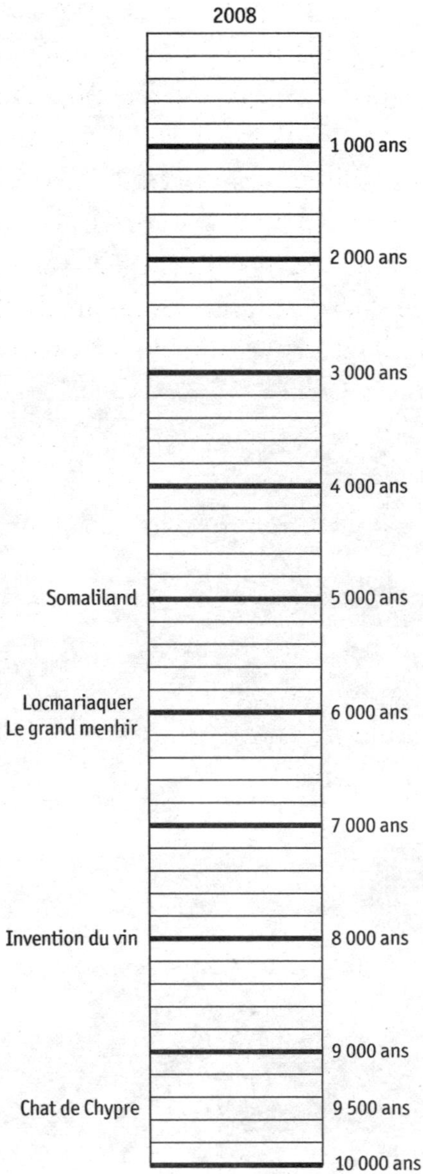

Chapitre 7

PROTOHISTOIRE
ET HISTOIRE

Nos ancêtres les Gaulois[1]

Il y a, bien sûr, en France, des milliers de sites gaulois découverts, reconnus, fouillés depuis longtemps, mais le site d'Acy-Romance, près de Rethel, dans les Ardennes, a la particularité, exceptionnelle d'avoir offert à ses investigateurs la totalité d'un village datant du début du IIe siècle avant Jésus-Christ. Ce village est installé sur une vingtaine d'hectares et domine, d'une cinquantaine de mètres, la vallée de l'Aisne[2].

Le premier caractère qui frappe est la qualité de l'urbanisme de ce village. Tout s'organise autour d'une place publique centrale d'un demi-hectare, bordée à l'ouest par cinq bâtiments probablement cultuels ou communautaires. À partir de ce centre, le

1. Chronique du 17 janvier 2005.

2. Lambot B., 2005, *Bulletin de l'Académie nationale de chirurgie dentaire*. Bernard Lambot est l'archéologue responsable des quinze campagnes de recherche qui ont été menées à Acy-Romance.

village se décline par quartiers, définis par la corporation et le statut social : au nord-est, ce sont les éleveurs, près des prés et de la rivière ; au sud-est, les artisans, forgerons, dinandiers, sous les vents dominants d'ouest ; à l'est, les agriculteurs ; au centre, la main-d'œuvre pour l'agriculture et le jardinage, concentrée dans des bâtiments alignés le long de petites rues ; les gens de service, les esclaves habitent, eux, entre les éleveurs et le centre religieux. Toutes les maisons sont en bois, avec des murs en torchis blanchi au lait de chaux et des toits en chaume ; elles comportent souvent un étage ou un grenier sur plancher. Les parcelles sont bordées par des clôtures. Quant aux nécropoles, délimitées par des fossés bordés de talus, elles laissent deviner la hiérarchie précise de leurs occupants par les traitements qui leur ont été réservés, la qualité de leurs tombeaux, voire de leurs mausolées, etc.

Le premier dentier[1]

Descendant en Italie d'une culture dite proto-étrusque ou villanovienne il y a plus de 3 000 ans, la brillante culture étrusque a l'air, comme beaucoup de civilisations à l'émergence rapide, de naître de rien, ce

1. Chronique du 28 mars 2005.

qui n'est pas vrai, et d'arriver d'ailleurs, ce qui n'est peut-être pas faux[1].

À partir du Xe siècle avant Jésus-Christ, en effet, se développent quantité de cités-États, le long de la mer Tyrrhénienne, sur le territoire qui équivaut aujourd'hui à la Toscane, mais aussi à l'est, jusqu'à l'Adriatique, au nord et au nord-ouest, dans le creux de la vallée du Pô et, enfin, au sud, dans la région de Naples. C'est l'exploitation du fer, abondant en Toscane et au large de ses côtes (île d'Elbe, par exemple), celle du cuivre, de l'étain, du plomb, de l'argent ou alors l'importation de tous ces minerais, quand le pays vient à en manquer, qui ont permis aux Étrusques, fins métallurgistes, d'acquérir cette puissance soudaine qui surprend.

Puissance dans la fabrication d'objets de qualité qu'ils exportent à travers toute l'Europe et jusqu'au Proche-Orient ; puissance dans la navigation qu'ils développent pour pratiquer l'import-export régulier ou de contrebande ; puissance dans la création littéraire (la langue est originale et très étrange) et la création artistique (orfèvrerie, peintures, sculptures, céramiques) ; puissance guerrière aussi, puisque la confédération des cités étrusques a menacé bien des fois des colonies grecques et même conquis Rome,

1. Collectif, 2005, « Le miracle étrusque », *Les Cahiers de Science et Vie*, HS 85, 81 p.

qui verra se succéder plusieurs rois étrusques. Curieux phénomène donc que l'explosion, un millénaire durant, du génie d'un peuple, d'un peuple uni par la culture, la langue, le commerce, la religion, mais qu'aucun pouvoir centralisé n'est, pourtant, parvenu à souder en empire.

Ajoutons une note anthropologique à cette belle histoire, une note de dentisterie. Le premier appareil dentaire, vieux de 2 600 ans, est, en effet, une invention étrusque. L'histoire est la suivante. Un homme perd 3 de ses incisives supérieures. Alors, pour lui redonner un sourire présentable, le dentiste attache, par un fil d'or à l'incisive qui reste ainsi qu'aux canines et prémolaires droites et gauches, une incisive de vache évidemment coupée dans le sens de la largeur pour qu'elle ne dépasse pas le niveau des autres dents, mais marquée aussi de deux traits verticaux, pour simuler les 3 dents absentes !

L'industrie du sel[1]

Le sel a toujours été recherché par l'homme, mais il l'a été plus encore depuis que l'homme, devenu sédentaire, a dû apprendre à stocker différents produits alimentaires et entretenir le bétail qu'il élève.

1. Chronique du 2 août 2004.

Les premières exploitations de sel apparaissent dès le néolithique (au VIe millénaire dans les Alpes, par exemple) ; elles se généralisent à l'âge du bronze et surtout à l'âge du fer[1].

La Seille est une rivière de Lorraine qui, comme son nom l'indique, charrie beaucoup de sel gemme remonté de formations géologiques sur lesquelles elle coule. Les briquetages conservés dans ses parages et représentant les restes de batteries de fourneaux (dans lesquels on faisait bouillir la saumure) et les restes des moules en terre cuite (dans lesquels on conditionnait le sel pour sa commercialisation) permettent d'évaluer relativement précisément, grâce au volume de déchets, l'exploitation de ce sel durant les huit derniers siècles avant Jésus-Christ. Usant, pour la première fois, d'importants moyens géophysiques héliportés ou au sol, Laurent Olivier a pu, en effet, cartographier les sédiments salés et circonscrire leurs aires d'exploitation près de la Seille[2]. Résultat : 4 millions de m^3 de briquetages alignés sur plus de 10 kilomètres de vallée, puis concentrés sous les villes de

1. Daire M. (éd.), 1994, *Le Sel gaulois. Bouilleurs de sel et ateliers de briquetage armoricains à l'âge du fer*, Centre régional d'archéologie d'Alet, Saint-Malo, 182 p.

2. Olivier L., 2004, « L'or blanc des Celtes », *Archéologia*, 413, p. 34-44. Laurent Olivier, conservateur du département des âges du fer au musée des Antiquités nationales de Saint-Germain-en-Laye, y présente un projet quinquennal, très original, de recherches internationales sur les « briquetages de la Seille », initié par son département en 2001.

Marsal, Moyenvic et Vic-sur-Seille ; la production, estimée en milliers de tonnes par an entre le VIIIe et le VIe siècle avant Jésus-Christ, se chiffre par dizaines de milliers de tonnes annuelles durant les deux derniers siècles avant Jésus-Christ.

J'ai moi-même étudié durant mes jeunes années d'archéologue l'exploitation du sel, mais du sel marin cette fois, durant l'âge du fer sur les côtes méridionales de Bretagne[1]. Les sauniers y avaient creusé des trous dont ils colmataient les parois et le fond avec de l'argile crue pour les rendre étanches ; les uns servaient au stockage de l'eau de mer, les autres à celui de l'argile. Et puis, ils avaient construit des fourneaux simples, pour cuire les briquetages et les moules à sel, et des fourneaux plus compliqués avec grilles de briquetages pour y poser les moules en argile séchée contenant l'eau de mer à évaporer. Les moules ont ici la forme de troncs de prisme, à ouverture et fond rectangulaires, l'ouverture plus grande que le fond et les côtés, par suite, trapézoïdaux : ce sont donc des volumes faciles à démouler. Ces moules, remplis du sel de plusieurs évaporations, devaient servir en même temps d'emballage aux pains de sel (d'environ 0,5 kilo chacun) qu'ils contenaient. On compte à peu près

1. Coppens Y., 1953, « Notice sur les fours à augets de la côte méridionale bretonne et plus spécialement du Morbihan », *Ann. Bret.*, Rennes, XL, fasc. 2, p. 336-353 ; Coppens Y., 1954, « Inventaire des stations d'augets morbihannaises », *Ann. Bret.*, Rennes, XLI, p. 295-305.

72 kilos de sel pour chaque « opération », ce qui, pour l'ensemble des côtes bretonnes, représente une vraie production industrielle. Que ce soit en Lorraine ou en Bretagne, dès cette époque, les Gaulois avaient donc inventé la production de masse et l'emballage perdu[1].

Le vin[2]

L'invention du vin est à situer dans les régions montagneuses du Proche-Orient ; elle daterait de huit millénaires[3]. Merveilleusement développées en Mésopotamie d'abord, puis en Égypte et en Grèce, cette domestication de la vigne et l'élaboration progressive des procédés de vinification se sont propagées d'est en ouest en quelques millénaires. Elles ont gagné le Maghreb, l'Italie, la Gaule, l'Espagne et les îles britanniques, entraînant de nombreuses conséquences matérielles, sociales, commerciales et économiques – bref, civilisatrices. Les objets liés à la fabrication, la conservation, le transport et la consommation du vin

1. Voire encore Coppens R. et Y., novembre 1964, « Premières datations absolue des fours à augets », *Bull. Soc. polymath. du Morbihan*, p.v., p. 34.

2. Chronique du 22 novembre 2004.

3. Brun J.-P. et Poux M. (éd.), 2004, « Le vin : nectar des dieux, génie des hommes », *L'Archéologue, Archéologie nouvelle*, 5, n° 74, Paris, 66 p. C'est aussi le titre et le sujet d'expositions qui se sont tenues aux musées gallo-romains de Fourvière à Lyon et de Saint-Romain-en-Gal, dans la Vienne.

se sont multipliés, diversifiés, améliorés, enrichis, anoblis. On boit dans l'or, l'argent, le bronze, le verre. On transporte ce breuvage dans des amphores dont la forme, telle une étiquette de cru ou de château, informe sur la provenance – c'est au point que certains de ces contenants sont imités pour tromper l'acheteur sur l'origine et vendre mieux et plus cher. Le vin sert aux libations, aux célébrations, à rapprocher les gens, les peuples aussi. On peut dire que le vin trace, dans son déploiement, un immense sillage de culture, comme il continue de le faire aujourd'hui.

En Gaule, c'est par Marseille que le vin s'implante durant le dernier millénaire avant Jésus-Christ. La Gaule est depuis longtemps très grande consommatrice de vins d'importation, de vins italiens notamment, mais elle n'a pas encore planté de vignes elle-même avant que les Phocéens ne l'introduisent. La province de la Narbonnaise (Var, Hérault, Drôme, Côtes-du-Rhône) va alors vite s'en couvrir. Et puis c'est l'Aquitaine qui prend la suite dans les premiers siècles de notre ère, avant la Loire, le bassin parisien et la Champagne et en même temps, ou à peu près sans doute, la vallée du Rhin.

Je n'ai pas besoin de rappeler l'extraordinaire degré de raffinement auquel sont parvenus les rapports de l'homme et du vin en quelque 8 000 ans. On évoque, comme un poème, l'étonnante gamme des couleurs de la robe du vin – clairet, rubis, grenat, tuilé, pourpré, pelure d'oignon pour le rouge ; vert, paille, doré, citron, ambré, beige, vieil or, plombé ou miel pour le blanc ; on cite l'éventail des arômes des vins, ceux de beaujolais, par exemple – violette et pivoine pour le saint-amour, violette et rose pour le moulin-à-vent, giroflée et kirsch pour le morgon, prune et pivoine pour le brouilly, framboise et giroflée avec une pointe de cannelle pour le juliénas. Et n'oublions pas Paris, brillant producteur. Tout le monde connaît le vin de Montmartre, mais on connaît sans doute moins la goutte-d'or, le petit vin blanc d'Henri IV, ou les 12 pieds de vigne de Saint-Germain-des-Prés, au chevet de l'église, rebaptisé Saint-Juliénas-des-Prés...

De la musique et des bateaux[1]

La Grèce antique avait de nombreux comptoirs et entretenait des relations avec toutes sortes de peuples marchands. L'exposition organisée au Latenium de Neuchâtel et intitulée *Amphore à la mer ! Épaves grecques et étrusques* a, pour cette démonstration, pu rassembler 265 objets (amphores, vaisselle, lingots, statuettes, vannerie) provenant d'épaves datées de 600 à 200 ans avant Jésus-Christ et témoignant de la

1. Chronique du 1er août 2005.

richesse des cultures dont ils proviennent et de celle de leurs échanges. Un navire marchand étrusque a même pu être reconstitué grandeur nature pour la circonstance ; il côtoie une myriade de maquettes de bateaux permettant d'admirer la qualité de l'architecture navale grecque d'il y a plus de 2 500 ans.

Mais la Grèce, ce n'est pas que le commerce, c'est aussi, par exemple, la musique, comme le rappelle une autre exposition, *La Musique dans la Grèce antique*, organisée au Musée d'archéologie méditerranéenne de Marseille. Les instruments à vent (l'aulos, la flûte), à cordes (la lyre, la cithare, la harpe), à percussion (les crotales, le tympanon, les kimbalas, les sistres), y sont présentés grâce à des pièces originales ou des objets (statuettes, vases, frises) les figurant. Et puis sont envisagées les fonctions que remplit la musique dans les diverses manifestations privées (mariages, enterrements), mais aussi au théâtre, dans l'exercice du culte et dans les festivals qui lui sont consacrés (les grandes Dionysies du mois de mars ou, tous les quatre ans, les grandes Panathénées du mois d'août). C'est vers le ve siècle avant Jésus-Christ sans doute que la musique s'écrit pour elle-même. Elle n'avait pas acquis auparavant cette liberté, liée qu'elle était, en tant qu'art des Muses, à l'histoire, la poésie, la comédie, la danse, l'éloquence et même l'astronomie !

Citons encore *Vases en voyage, de la Grèce à l'Étrurie* au Musée des beaux-arts de Vannes, appelé La Cohue.

Sous nos pieds, l'histoire[1]

Un des 2 500 chantiers de l'Institut national de recherches archéologiques préventives (INRAP) s'est ouvert à Marseille, à quelques mètres du vieux port, à l'occasion de la rénovation du collège du même nom. Nous sommes au pied de la butte Saint-Laurent, dans le quartier du Panier, au bord des quais nord du Port antique. Les archéologues y ont mis au jour des niveaux d'occupation datant du VIe siècle avant Jésus-Christ – vieux, donc, de 2 600 ans. Il s'agit d'une implantation grecque avec bâtiments en moellons de calcaire et briques de terre crue organisés en un urbanisme à quadrillage orthogonal.

Parmi ces bâtiments est apparu un édifice rectangulaire, monumental, religieux ou militaire, avec podiums et murs massifs, datable d'environ 550 avant Jésus-Christ. Les poteries recueillies sont d'origine grecque, plus précisément d'Attique, de Corinthe ou d'Ionie, d'ailleurs très belles, quand elles sont de table, et athénienne, égéenne, phénicienne ou punique quand il s'agit d'amphores. Des restes d'occupation grecque de ce même VIe siècle avant Jésus-Christ avaient déjà été recueillis à Marseille

1. Chronique du 2 mai 2005.

(parvis de l'église Saint-Laurent, îlot des Pistoles), mais jamais dans un état aussi remarquable et sur une pareille surface. C'est un communiqué de presse de l'INRAP qui nous a fait connaître ces brillants résultats.

Que cette découverte soit à nouveau l'occasion d'attirer l'attention sur l'immense intérêt de notre patrimoine caché. C'est un patrimoine que l'on imagine mal, parce qu'il est sous nos pieds, mais qu'il convient de respecter autant que celui, construit, qui apparaît évidemment au grand jour. Il est aussi riche, et parfois même plus riche d'informations que l'autre. Prenons donc le temps, quand un cas se présente, de nous y attacher. Cette crypto-archéologie, qui repose sur la compétence des archéologues, est souvent fascinante ; elle est aussi, et ne l'oublions pas, non renouvelable.

La capitale des Parisii[1] ?

La construction de l'autoroute A6 au milieu des années 1990 et les fouilles préventives d'un grand projet immobilier à l'automne 2003 ont révélé une étonnante succession d'installations gauloises dans un des méandres de la Seine, dit boucle de Gennevilliers, à

1. Chronique du 10 mai 2004.

Nanterre[1]. Il s'agit d'abord d'une nécropole, vieille de 300-350 ans avant Jésus-Christ, où l'on a retrouvé des hommes en armes (épées à fourreau métallique, lances et boucliers), des femmes aux bijoux d'importation et des enfants. Après une apparente interruption d'occupation, lui succède une importante implantation urbaine, d'une bonne quinzaine d'hectares, qu'on peut situer entre 160 et 70 avant Jésus-Christ. Un système orthogonal de rues sépare les quartiers résidentiels, à la construction très soignée, avec grands bâtiments rectangulaires, palissades et puits privatifs, les quartiers d'artisans (travaillant le textile, les métaux, le bois, le cuir et fabriquant même leur monnaie), les espaces publics avec aires de rassemblement et peut-être aires de banquets, enfin les zones de négoce aux abords de berges aménagées d'un bras mort de la Seine avec installations portuaires. C'est la plus grande agglomération que l'on connaisse chez les Parisii ; elle précède sans doute leur installation sur l'île de la Cité, sur la rive gauche de la Seine, et sur le flanc nord de la montagne Sainte-Geneviève à Paris. C'est une agglomération qui, profitant de la protection naturelle du mont Valérien, du défilé de Bougival et

1. Viand A., 2004, « Nanterre : La véritable Lutèce ? », *Archéologia*, 410, p. 40-49. Chercheuse à l'Institut national de recherches en archéologie préventive et de l'université Paris-I, Autide Viand, qui nous fait connaître cette florissante agglomération, se demande même si elle ne serait pas le chef-lieu des Parisii, décrit par les Romains à leur arrivée.

du fleuve, ne donne pas l'impression, dans l'état actuel des connaissances, d'avoir été fortifiée comme l'ont été la grande majorité des cités gauloises qui lui sont contemporaines. Des modifications du réseau de la circulation semblent indiquer un allongement de la vie de cette cité qui pourrait bien avoir connu l'invasion romaine et même y avoir survécu quelque temps ; des fours de potier pourraient bien, en effet, dater de cette époque.

Les trompettes de Tintignac[1]

Grâce à son patrimoine monumental apparent, Tintignac, en Corrèze, à 10 kilomètres au nord de Tulle, est un site gallo-romain connu et mentionné depuis le XVIIe siècle. Il compte notamment quatre édifices dont un théâtre, un temple et deux sanctuaires moins bien définis, longtemps datés du IIe et du IIIe siècle de notre ère[2]. Mais, comme souvent en archéologie, une visite récente des lieux a révélé aux chercheurs des structures antérieures à ces monuments, un

1. Chronique du 28 février 2005.

2. Maniquet C., 2005, « Le dépôt gaulois de Tintignac », *Archéologia*, 419, p. 16-23. Christophe Maniquet, de l'Institut national de recherches archéologiques préventives, nous y raconte l'histoire du site de Tintignac et surtout la découverte de sa fondation probable un demi-millénaire avant la date jusqu'ici prise en compte.

enclos quadrangulaire de 25 mètres de côté, entouré d'un fossé pour l'implantation probable de palissades, et, dans l'enclos, une construction circulaire possible de près de 9 mètres de diamètre, ouverte à l'est et renfermant une zone de combustion. On en était là des observations quand a été découverte à l'angle nord-est de l'enclos, une fosse contenant un véritable trésor daté du IIe siècle avant Jésus-Christ et qui comporte quelque 470 objets d'un intérêt extrême, dont certains pourraient d'ailleurs être encore plus anciens que la date proposée pour le dépôt.

Que sont ces objets ? Eh bien, ce sont des objets de guerre, tous en métal, bronze ou fer. Forment-ils une cachette ? Peut-être, mais ils représentent plus volontiers une offrande à la divinité que le sanctuaire devait honorer. On y a trouvé des armes d'abord – des épées, des fourreaux, des lances, des éléments de boucliers et des casques (une dizaine), simples ou à cimier ; ensuite, des sculptures d'animaux – des têtes de sangliers, très réalistes (à la gueule grande ouverte), une tête de cheval, toutes étant parées d'yeux en verre et de pupilles en jais ou en lignite ; et puis, des mors en bronze, un chaudron de 30 centimètres de diamètre en bronze et en fer et surtout 5 trompettes de guerre, ou *carnyx*, en très bon état de conservation. On n'avait encore jamais trouvé de ces instruments de musique insolites entiers et cette découverte est la toute première de ces « cuivres » (en fait, ils sont ici fabriqués en tôle de bronze), en état permettant une expérimentation puisqu'on en a même récolté une embouchure. Après restauration, les *carnyx* de Tintignac pourraient donc bien résonner de nouveau.

Rappelons qu'un *carnyx* est fait d'un très long tube droit terminé par un pavillon représentant ici, dans quatre cas sur cinq, des têtes de sangliers fantastiques aux oreilles démesurées et, pour le cinquième, un serpent. Il est probable et évidemment souhaitable que le site de Tintignac bénéficie désormais d'une meilleure mise en valeur permettant une visite des monuments et peut-être même du trésor.

*L'*oppidum *de Bibracte*[1]

Le mont Beuvray, dans la Nièvre, est depuis longtemps célèbre grâce à l'implantation gauloise fortifiée de son sommet, nommée Bibracte. La découverte et la première exploitation archéologique de cet *oppidum* fameux remonte au XIXe siècle ; après quoi, quatre-vingts ans s'écoulèrent sans que de nouvelles recherches y aient lieu. L'intérêt pour ce site se réactiva en 1984, quand l'attribution d'importants crédits permit

1. Chronique du 23 février 2004.

d'y construire un vaste musée de la civilisation celtique et un centre archéologique européen, centre d'hébergement de scientifiques mais aussi de recherche avec laboratoires, bibliothèques et stockage de collections. C'est alors que reprirent des fouilles à grande échelle internationale – des équipes françaises, anglaises, suisses, allemandes, autrichiennes, hongroises s'y activent chaque été. Cet effort, sans beaucoup de précédents, a fait de ce chantier un modèle dans l'Europe tout entière[1].

Bibracte semble avoir été fondé à la fin du IIe siècle avant Jésus-Christ, en pleine époque dite gauloise, ou âge du fer, connue par les archéologues sous le nom de « La Tène », site de référence des bords du lac de Neuchâtel, en Suisse. L'endroit a été tout de suite fortifié. Deux lignes de défense, percées d'une quinzaine de portes et enserrant quatre cents hectares d'habitat, sont encore parfaitement visibles aujourd'hui. Plusieurs milliers de personnes s'y sont alors rapidement installées, dans des édifices serrés les uns contre les autres, le long des quelques voies sillonnant l'*oppidum*. Il s'agit souvent d'habitations à pièce unique, d'environ 50 m^2, avec parois en clayonnage (faiblement ancrées dans le sol), foyer central et

1. Vincent Guichard, directeur général et directeur scientifique de l'ensemble, nous a adressé le rapport de synthèse des recherches conduites sur le site de 1997 à 2002 ; à paraître dans la *Revue archéologique de l'Est et du Centre-Est*.

cellier. Et puis la conquête romaine survint, et une certaine influence de la Méditerranée se fit alors sentir, aussi bien au niveau de l'urbanisme que de l'architecture, même si elle apparaît davantage dans un certain nombre d'initiatives personnalisées (quelques demeures sont alors construites à la manière romaine). L'agglomération maintint une étonnante vitalité pendant presque un siècle, puis se vida avant la fin du Iᵉʳ siècle avant Jésus-Christ, l'abandon étant consommé vers 30-50 après Jésus-Christ.

L'intérêt de ce site est considérable en raison, précisément, de la brièveté et de la densité de son habitat. Ce sont évidemment les mobiliers qui en ont permis la datation (poteries, verreries, fibules ou épingles, monnaies), mais aussi les mesures de l'isotope 14 du carbone et les mesures dites de la dendrochronologie (l'étude et le décompte des cernes d'arbres recueillis). C'est donc un *oppidum* absolument somptueux, dont on ne saurait manquer la visite[1].

1. Le musée qui lui est associé, évidemment spécialisé dans les périodes gauloise et romaine, est riche d'un grand nombre de reconstitutions de bâtiments, maisons ou ateliers fouillés sur le mont.

Saint-Denis et ses vestiges[1]

L'abbaye royale de Saint-Denis est située sur une éminence bien plus ancienne qu'on ne le croit souvent. Il y a 2 000 ans, elle dominait déjà les grandes étendues insalubres du marais du Rouillon et du ru de Montfort. En 1953, l'archéologue Édouard Salin avait attiré l'attention sur la découverte d'une cruche en céramique, associée à une tombe située sous la basilique et qu'il datait du Ier siècle ou du début du IIe siècle après Jésus-Christ, entre 70-80 et 120-130. Certains restes de constructions ont ensuite été interprétés comme ayant appartenu au mausolée érigé pour recouvrir les tombes du martyr saint Denis et de ses deux compagnons, Rustique et Éleuthère, au milieu du IIIe siècle, vers 250, sous le règne de l'empereur Dèce. Mais, pour l'archéologue Paul Ossel, directeur de recherches au CNRS, c'est au IVe siècle seulement qu'apparaissent des vestiges de datation incontestable ; cela n'en reste pas moins une immense surprise, car on ne pensait pas jusqu'à présent que ce site avait été fréquenté avant la construction de

1. Chronique du 13 décembre 2004. L'exposition qui s'est tenue en 2004 à l'abbaye royale de Saint-Denis, intitulée *Saint-Denis, basilique secrète*, était due à l'effort conjugué de l'unité d'archéologie de la ville de Saint-Denis et du Musée des antiquités nationales de Saint-Germain-en-Laye : collectif, 2004, « Saint-Denis, de sainte Geneviève à Suger », *Les Dossiers d'archéologie*, 297, 118 p.

l'oratoire de Sainte-Geneviève à la fin du ve siècle, vers 475. Des tombes en pleine terre, de petits bâtiments au nord de la basilique, des restes d'édifices, des trous de poteaux, des fosses, des fondations pour palissades et de multiples objets (céramique, verrerie, objets en os ou en bronze, et même clous à chaussures !) sont désormais datables de façon certaine d'avant le milieu du IVe (330-340). Ailleurs ont été recueillis des céramiques communes, des céramiques sigillées, des monnaies de Maxence et de Constantin, des perles d'ambre et de verre, des bracelets de jais et des fibules d'âges qui confirment la datation des tombes. Des sépultures assez modestes du Ve siècle recouvrent ces tombes et ces constructions du IVe siècle, faisant le lien avec la basilique mérovingienne et son importante nécropole. C'est alors que s'enclenche la longue et brillante période d'histoire d'une des plus importantes abbayes de la chrétienté, tant sur le plan architectural que politique et religieux.

Le changement d'ère[1]

Cette semaine, nous allons nous occuper d'expositions dont l'époque de prédilection est le changement d'ère, en l'occurrence les deux siècles avant Jésus-Christ et les deux siècles après.

1. Chronique du 8 août 2005.

La première de ces expositions est celle du Musée des beaux-arts d'Agen, *Gaulois des pays de Garonne*. Rappelons à ce sujet que, pour les Romains, les Gaulois (ou Celtes) se démarquaient des Aquitains au sud de la Garonne, des Transalpins ou Narbonnais au sud-est et des Belges au nord de la Seine. Ces Gaulois étaient eux-mêmes divisés en multiples populations totalement indépendantes, même si elles étaient capables de s'unir face à un même danger. Citons, rien que pour le plaisir des sonorités, les Cadurques dans le Quercy, les Nitiobroges dans l'Agenais, les Pétrocores dans le Périgord, et encore les Volques, les Rutènes, les Arvernes – on dirait des Pokémons.

Mais revenons aux Gaulois et, plus précisément, à ceux établis en pays de Garonne. Leur culture est brillante, comme en témoignent leurs activités économiques – exploitations agricoles ou minières, commerce, artisanat –, leur organisation politique, leurs préoccupations de défense et leurs manifestations spirituelles. Des puits funéraires ou rituels typiques de la région de Toulouse ont, à cet égard, livré une grande quantité d'objets utiles ou précieux.

À Toulouse, au Musée Saint-Raymond ou Musée des antiques, c'est une exposition très originale de *Portraits du Ier siècle* qui est présentée. Les fouilles d'une villa à Martres-Tolosane ont, en effet, livré une exceptionnelle collection de sculptures, qui a été complétée par les multiples portraits peints, sculptés ou gravés sur les monnaies.

Les Gaulois, qu'ils soient de Toulouse ou de Paris, sont aussi des gens gourmands. Et l'exposition de la crypte archéologique du parvis de Notre-Dame s'est intéressée au boire et au manger à Lutèce. Les divers aliments appréciés à cette époque sont passés en revue, les objets de cuisine et les couverts dont ils se servent sont exposés et la promenade gourmande se poursuit par d'intéressantes recettes – par exemple, comment faire la sauce à huîtres ou réussir son porc au miel. La chute sympathique nous est proposée par l'empereur Julien qui pouvait dire au IVe siècle après Jésus-Christ : « L'eau de Seine est aussi belle à voir qu'à boire... »

La romanisation de la Gaule[1]

Une amie californienne d'origine mexicaine me disait que son grand-père, après que sa famille eut franchi la frontière des États-Unis, avait exigé deux choses de ses petits-enfants : qu'ils ne marchent plus pieds nus et qu'ils ne parlent plus jamais espagnol

1. Chronique du 23 août 2004. Dans un passionnant numéro spécial de *Notre histoire*, une dizaine de spécialistes de très grande qualité nous font entrer dans ce monde qui fut le nôtre il n'y a que deux millénaires et qui nous paraît aujourd'hui tellement particulier : collectif, 2004, « La Gaule romaine », NS, 223, 84 p.

(mais anglais). Christian Goudineau, professeur au Collège de France, prenant l'exemple de l'inscription de l'arc de triomphe de Saintes, nous montre comment, de la même manière, la romanisation est passée par l'abandon du gaulois et l'adoption très rapide du latin. Le donateur, dont l'identité civile figure sur l'inscription, décline, en effet, un nom gaulois pour son arrière-grand-père, des noms mêlant gaulois et romain pour ses grand-père et père, alors que le sien est devenu totalement romain.

« Romain » n'est d'ailleurs pas un mot au hasard, car Rome devient le modèle un peu imposé (mais imposé avec suffisamment d'habileté et de tolérance pour être efficace) et aussi un modèle en vogue. La Gaule, ou les quelque soixante peuples du dernier âge du fer que l'on compte sur un territoire qui correspond à peu près à celui de la France d'aujourd'hui, change rapidement de comportement et d'art de vivre. La ville à proprement parler va naître avec ses monuments à la gloire de l'Empire, mais aussi ses forums pour le négoce, ses théâtres et ses arènes pour les jeux, ses aqueducs et ses thermes pour les bains. Un extraordinaire réseau de routes commence à quadriller notre territoire, ce qui va évidemment faciliter la pénétration des idées nouvelles et de leur cortège de matières et de métiers. Parmi les voies romaines, particulièrement bien conservées, on peut citer celle d'Allaire dans le Morbihan qui vient d'être mise au jour. Elle est composée, de bas en haut, de 40 centimètres de pierrailles et de 70 centimètres de sable, réalisant une bande de roulement bombée de 8 mètres de large, accompagnée de part et d'autre de grands accotements pour le drainage. L'ensemble atteignait ainsi 25 à 30 mètres de large, comme une nationale d'aujourd'hui. Le droit, le commerce, la politique, la religion se transforment aussi, mais de manière pondérée, en fonction du substrat rencontré. Rome, qui s'étend de la Grande-Bretagne à l'Afrique du Nord et au Proche-Orient, a l'habitude de composer avec la diversité des gens et de leurs coutumes. De fascinantes vues aériennes virtuelles de neuf villes françaises telles qu'elles se présentaient au Ier ou au IIe siècle de notre ère ont même été proposées dans la revue *Notre histoire* citée ; elles sont dues à l'érudition et au talent de Jean-Claude Golvin, architecte et directeur de recherches au CNRS. Un guide des principaux sites romains de France termine ce numéro exceptionnel.

Quand Paris est devenu Paris[1]

Le site de Paris a dû être fréquenté depuis très longtemps puisque des objets paléolithiques et néolithiques y ont été recueillis à bien des reprises, mais la

1. Chronique du 29 décembre 2003.

ville elle-même serait l'héritière d'un village gaulois que Jules César, en 52 avant Jésus-Christ dit avoir détruit[1]. En tout cas, une première Lutèce apparaît sous les traits d'un habitat rural, sans urbanisme rigoureux, sur le flanc nord de la montagne Sainte-Geneviève, aux alentours des années 1920 ou 1930 avant Jésus-Christ. Il faut attendre le tournant de l'ère chrétienne, pour que des travaux importants annoncent la mise en place d'un vrai premier plan urbain. Entre les années 5 et 10 après Jésus-Christ, un premier pont pourrait ainsi avoir été jeté sur la Seine, dans l'alignement de la rue Saint-Jacques, première grande voie tracée et construite avec remblai et surface de roulement. Des habitations s'installent le long de cet axe et puis des monuments publics et bientôt, avant la fin du Ier siècle, le premier édifice thermal de Paris – les thermes de l'est, ou thermes dits du Collège de France. Et puis c'est une boucherie qui va prendre, au IVe siècle, la place des thermes du haut Empire ; dans cet abattoir qui fait office de boutique, on ven-

1. Collectif, 2003, *Le Collège de France, du quartier gallo-romain au quartier Latin, Ier siècle av. J.-C.-XIXe siècle*, DAF éditions, Maison des sciences de l'homme, Paris, 288 p. Les *Documents d'archéologie française*, les DAF, ont édité sous ce joli titre un document exceptionnel sur l'histoire de Paris. Il s'agit à l'origine du simple rapport des fouilles effectuées de 1993 à 1996 au Collège de France avant la construction de ses nouveaux amphithéâtres. Grâce à la qualité des archéologues et à la précision de leurs travaux, ce compte rendu est devenu, à l'arrivée, un ouvrage passionnant pour tous les amoureux d'histoire ancienne. On doit ce fascinant travail à Laurent Guyard et ses collaborateurs et à Christian Goudineau, professeur au Collège de France.

dra surtout du bœuf. Ensuite, quelques traces d'habitat mérovingien, datant du VIIe siècle peut-être, précèdent ou accompagnent les cultures installées sur les flancs de notre colline, notamment des vignes, toujours aux abords d'habitations. À partir du XIIIe siècle au moins, une urbanisation importante se développe à nouveau. Des maisons y poussent et bientôt des « collèges », qui sont plus des dortoirs d'étudiants que des établissements d'enseignement. C'est ainsi que seront découvertes la Maison de la Rose, puis les substructions des collèges de Tréguier et de Cambrai, collèges qu'Henri II, à la mort de François Ier, louera pour y installer les lecteurs royaux, premiers professeurs du Collège de France jusque-là sans nom…

Les Vikings[1]

Durant le quaternaire, les terres scandinaves ont été souvent couvertes de glace. À chaque période interglaciaire cependant, la grande calotte qui les recouvrait et qu'on appelle *inlandsis* fondait, au moins en partie, permettant aux populations européennes d'agrandir leurs territoires vers ces latitudes septentrionales. C'est ainsi que les néandertaliens ont pu s'établir dès 100 000 ans dans le sud de la Finlande,

1. Chronique du 9 août 2004.

juste avant qu'une nouvelle glaciation ne les y surprenne. Le dégel de cette glaciation-là étant survenu il y a 10 000 ans, d'autres hommes, attirés par les conquêtes territoriales, s'y sont installés à leur tour. Cette fois, ce sont des *Homo sapiens*, chasseurs de rennes ou de phoques, qui s'aventurent sur l'ensemble de la grande péninsule scandinave, jusqu'aux rives de la mer de Barents. Et puis de nouveaux *Homo sapiens* arrivent encore sur les terres du nord il y a un peu plus de 5 000 ans. Ce ne sont pas les premiers, mais ceux-ci sont porteurs des valeurs nouvelles du Néolithique – économie de production, polissage de la pierre pour une déforestation plus efficace, culture de la terre, domestication d'un certain nombre de mammifères, élevage pour aider l'agriculture naissante et se procurer de la viande sur pied.

Voilà, les Indo-Européens sont désormais là. Leurs âges du bronze et du fer vont dès lors se succéder, ici comme ailleurs, mais un peu décalés par rapport aux nôtres, l'âge du bronze à partir de 1 500 ans avant Jésus-Christ et celui du fer à partir de 400 ans avant Jésus-Christ. Ces riches époques verront se développer tous les artisanats qui ont fait le génie des populations nordiques – le tissage, le filage, le travail du bois pour la fabrication des maisons ou des bateaux, celui du métal pour la fabrication des armes et des objets de parure –, mais aussi se déployer toutes ces mythologies dont témoignent les rupestres.

C'est alors que le phénomène viking commence, aux environs de l'an 800, sans rupture avec les cultures indo-européennes que nous venons de décrire ; il s'achève deux siècles et demi plus tard. Ces Vikings que l'on appelle aussi Norrois et qui sont des Germains du Nord vont se lancer tout simplement dans une recherche de richesses qui va passer par la voie douce du commerce ou par celle, plus rude, du pillage – ce qui explique leur réputation. Il est vrai qu'ils s'attaquent sans vergogne à tout lieu susceptible de bonnes prises, notamment aux lieux religieux, mais il est vrai aussi qu'ils vont parvenir en 250 ans à construire un extraordinaire réseau de routes commerciales de la Caspienne à l'Atlantique, à implanter un étonnant réseau de comptoirs, à administrer un certain nombre de territoires comme la Russie, à coloniser l'Islande, à découvrir le Groenland, Terre-Neuve et l'Amérique.

Les Vikings ont incontestablement développé une vraie culture originale, résultant d'un fonds autochtone déjà brillant et des multiples prises de contact qu'ils ont réalisées à travers tout l'Occident et une partie importante de l'Orient, jusqu'à Bagdad. Ragnarr aux Braies velues, Ivarr le Grand Voyageur, Sveinn à la Barbe fourchue, Harald à la Tignasse ou encore Erik à la Hache sanglante ont sûrement plus d'une fois mérité leur réputation de barbarie et de cruauté lors des sacs fameux qu'ils ont perpétrés tout le long de leurs parcours, mais ils ont su aussi porter très haut les valeurs du courage, de l'aventure, de l'entreprise, du négoce, participant de plain-pied à l'histoire de notre petit continent[1].

Des expositions des cultures du IVe au VIIe siècle de notre ère, de Constantin aux Mérovingiens[2]

Pour les chroniques de l'été, nous proposons de vous présenter les expositions nouvelles d'un certain nombre de musées d'archéologie de France et de pays proches. La première est celle de Rimini, appelée *Constantin le Grand* et consacrée à cet empereur romain qui a donné son nom à Constantinople. À été réuni au Castel Sismondo une extraordinaire collection de sculptures, monnaies, médailles à l'effigie du souverain, mais aussi de pièces d'orfèvrerie, des camées, des objets en verre, en ivoire, en pierre, des peintures, des mosaïques, de la marqueterie de cette époque du IVe siècle particulièrement raffinée. Rappelons que Constantin, né en 280, a été proclamé empe-

1. C'est à l'abbaye de Daoulas, dans le Finistère, que s'est tenue cette extraordinaire exposition intitulée *L'Europe des Vikings*, qui avait rassemblé 500 objets provenant de plus de quarante musées de Suède, Norvège, Danemark, Finlande, Islande, Angleterre, Russie et France.

2. Chronique du 11 juillet 2005.

reur en 306, mais n'est encore, à cette date, que l'un des quatre empereurs en place – deux Augustes et deux Césars – qui règnent sur l'immense Empire romain d'Orient et d'Occident : ce n'est qu'après avoir battu Maxence en 312 et Licinius en 324 qu'il s'impose comme le seul empereur de l'Orient et de l'Occident réunis. Converti au christianisme, il fait de cette confession la religion officielle dès 313 et s'en sert comme ferment fédérateur. Grand bâtisseur, Constantin érige de très nombreuses églises – la basilique dite de Maxence, Saint-Jean-de-Latran, Saint-Pierre à Rome, l'église du Golgotha à Jérusalem, Sainte-Sophie à Constantinople, etc. ; on lui doit aussi de multiples bâtiments civils de très grande ampleur et au décor éblouissant.

L'autre exposition est celle du palais de Rohan à Strasbourg appelée *Trésors mérovingiens d'Alsace*, essentiellement consacrée à la nécropole d'Erstein, fréquentée aux VIe et VIIe siècles de notre ère. L'Institut national de recherches archéologiques préventives a fouillé, cinq années durant, ce cimetière découvert en 1999 qui a livré, au fil de 300 tombes, un extraordinaire mobilier révélateur de la vie quotidienne – costumes, parure, alimentation, artisanat – comme de la vie religieuse de l'époque. On y voit un mélange d'influences, compréhensible étant donné la région, une influence franque majoritaire incontestable, mais aussi une influence allemande faite d'éléments thuringiens, saxons et frisons. On y voit aussi, grâce aux monnaies à la validité persistante, un mélange de périodes allant de l'Empire romain des IIIe et IVe siècles aux royaumes ostrogoth et mérovingien des Ve, VIe et VIIe siècles.

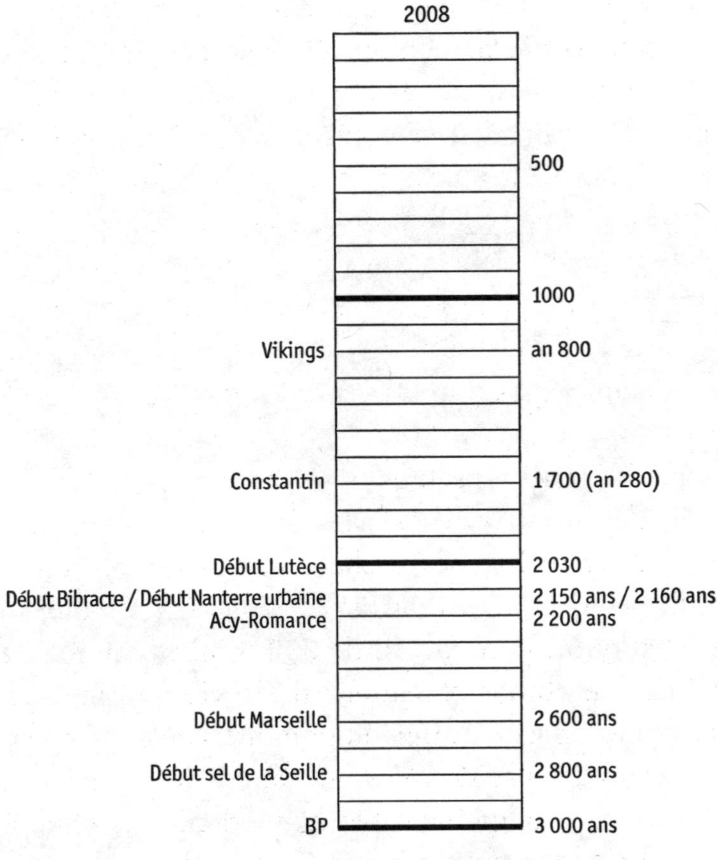

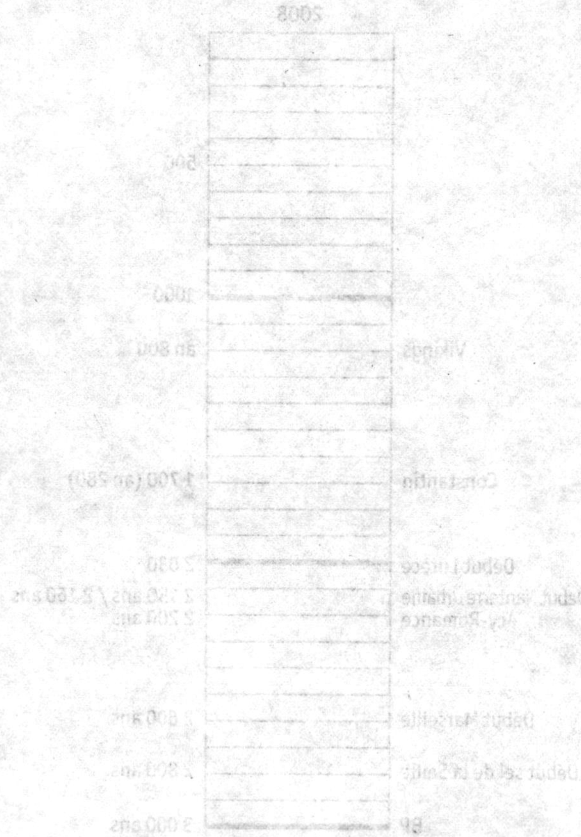

Chapitre 8

MÉTHODES

La mémoire des os[1]

La mémoire, c'est la mémoire des gens, la mémoire des organes, des tissus, des cellules, mais aussi la mémoire des choses. Pour raconter les 10 millions d'années de l'histoire de l'homme, depuis la séparation de notre route de celle de nos cousins les plus proches, les chimpanzés, les paléoanthropologues ne disposent que d'ossements et de dents, mais la mémoire de ces objets est prodigieuse.

Envisageons les dimensions, les proportions, les orientations des ossements d'abord. La petite Lucy (Éthiopie), âgée de 3,2 millions d'années, montre par exemple un fémur à la diaphyse oblique par rapport à l'axe du corps, ce qui est tout à fait caractéristique d'un

1. Chronique du 11 avril 2005. Les 1er et 2 avril 2005 étaient réunis à Évian, pour la sixième fois, les Rencontres Sciences et Société du Royal Parc. Comme chaque fois, une demi-douzaine d'universitaires, sous l'autorité érudite de Michel Serres, y ont développé le thème choisi pour la rencontre et en ont débattu entre eux et avec un public fidèle.

être incontestablement debout en permanence sur ses pattes de derrière, les fémurs ayant tendance à converger vers l'axe de gravité du corps, à la hauteur des genoux. Examinons ensuite les creux, les bosses, les crêtes, les gouttières – en un mot, le modelé de l'os. Sur un sujet vivant, un os, comme l'on sait, s'articule aux os voisins et ainsi de suite, pour constituer un squelette. Et, bien sûr, ces articulations ont une signification en termes de mouvements et, par suite, de comportements. L'extrémité inférieure du fémur de Lucy, par exemple, se lie à l'extrémité supérieure du tibia par une articulation instable, traduisant son usage dans l'arboricolisme. Quant à Orrorin, 6 millions d'années (Kenya), il présente, sur la face antérieure de son fémur, une rugosité que l'on nomme joliment « ligne âpre » et qui correspond à l'insertion des ligaments du muscle *gluteus maximus* ou grand fessier. Quand on a des fesses, c'est pour tenir debout ! Voilà, par une autre voie, la démonstration d'un corps, deux fois plus vieux que celui de Lucy, et pourtant lui aussi déjà bien redressé.

Les sections d'os par examen radiographique ou, mieux, scannographique révèlent la structure du tissu osseux. Le bassin d'*Australopithecus* (Afrique du Sud), il y a 2,6 millions d'années, par exemple, présente, non pas des fibres parallèles, mais un superbe entrecroisement de fibres osseuses (système trabéculaire en chiasma), ce qui renforce son rôle de soutien d'une partie importante du corps, inévitable dans la station debout…

Si l'on descend dans l'intimité de l'os, ce sont par exemple des mesures précises des quantités de certains isotopes du carbone et de l'azote qui vont révéler, de manière magique, la préférence alimentaire du propriétaire de l'os analysé. Un Neandertal de Charente-Maritime, âgé de 50 000 ans, s'est révélé ainsi grand amateur de viande, avec une préférence, quand il en avait le choix, pour la viande de renne plutôt que pour la viande de bison. Encore plus loin dans l'étude de l'infiniment petit, c'est le décryptage de brins d'ADN de cellules osseuses du Neandertal de Dusseldorf en Allemagne qui a confirmé la différence, probablement spécifique, de cette espèce humaine.

La paléopathologie[1]

À Villeneuve-le-Roi, l'aménagement d'un parc de loisirs a permis de mettre au jour une trentaine de « structures » de l'âge du bronze, datées d'environ 4 000 ans : parmi elles, une fosse de stockage agricole qui a servi de sépulture à un homme d'une soixantaine d'années[2]. Or ce squelette montre de très nom-

1. Chronique du 22 décembre 2003.

2. Hadjouis D., 2003, « Traces de maladies protohistoriques », *Archéologia* 406, p. 42-49. Djillali Hadjouis, du laboratoire départemental d'archéologie du Val-de-Marne, y présente ces cas très anciens de tuberculose et de syphilis particulièrement bien caractérisés.

breuses pathologies. Le rachis est atteint d'arthrose à tous les étages (cervicarthrose, discarthrose, arthérose lombo-sacrée) ; les membres et le bassin présentent de nombreuses lésions infectieuses et dégénératives (lésions ostéolytiques, coxalgie, gonarthrose). Le tout évoque une tuberculose mono-articulaire, ou mal de Pott, et une ostéoarthrite tuberculeuse.

De son côté, la construction de l'autoroute A 86 a révélé à Thiais une série de structures du premier âge du fer, datées de 2 500-2 700 ans, dont l'une contenait un squelette de nourrisson âgé de 1 ou 2 mois au plus. Et les os retrouvés de ce petit squelette, parfaitement conservés, montrent une ostéopériostite typique d'une syphilis congénitale à tréponèmes, ce qui a été confirmé par l'examen radiographique...

La science passionnante des maladies anciennes se nomme « paléopathologie ». En dehors de quelques calculs ou fibromes calcifiés, il est évident qu'elle ne peut travailler que sur des maladies ou traumatismes qui ont des traductions sur l'os ou la dent, c'est-à-dire sur des maladies congénitales ou de croissance, quelques maladies infectieuses comme la tuberculose ou la syphilis dont nous venons de voir deux cas, quelques tumeurs ou néoplasies, les maladies endocriniennes ou dégénératives, les traumatismes et les lésions dentaires. La paléopathologie nous informe ainsi sur l'histoire d'une maladie, l'état de santé d'une population, mais aussi sur la perméabilité des barrières d'espèces ou l'évolution, souvent sous-estimée, des facteurs infectieux. Prenons l'exemple de la tuberculose, typique du passage de frontière taxinomique ; il semble qu'à l'époque où l'homme chassait l'aurochs ou le bison et en mangeait la viande, la tuberculose n'était, en effet, que bovine (*Mycobacterium bovis*) ; dès qu'il s'est mis à domestiquer ces bovins, c'est-à-dire à en boire le lait, il semble bien que l'homme ait contracté pour la première fois la tuberculose (*Mycobacterium tuberculosis*). Prenons maintenant un exemple d'évolution du parasite ; il n'est pas impossible que des formes anciennes de syphilis aient pu être endémiques et non vénériennes – ce pourrait encore être le cas de certains pian et béjel africains, ou de certains caraté et pinta américains. C'est l'évolution des spirochètes, agents de la maladie qui, sous des pressions humaines, sociales, démographiques et culturelles, aurait entraîné la transformation de leurs comportements, de leur transmission et, du coup, des manifestations des pathologies, débouchant sur la syphilis vénérienne, congénitale et transplacentaire que nous connaissons bien désormais.

La parasitologie[1]

Il semble qu'il existe depuis fort longtemps deux lignées de poux : une lignée à la répartition mondiale et une lignée à la répartition géographiquement beaucoup plus limitée. Pour David Reed, chercheur à l'Université de l'Utah à Salt Lake City[2], la seconde lignée aurait occupé la tête d'*Homo erectus* quand il s'est déployé d'Afrique en Eurasie, il y a 2 millions d'années ; la première aurait la même origine, mais n'aurait voyagé que sur la tête d'*Homo sapiens,* lorsqu'il s'est déployé à son tour il y a, cette fois, quelques centaines de milliers d'années. Le fait que les deux sortes de poux coexistent aujourd'hui, pour leur plus grand bonheur, dans la chevelure d'*Homo sapiens* semble indiquer qu'*Homo sapiens* et *Homo erectus* se sont effectivement rencontrés, avec leurs poux...

Ce n'est pas la première fois que les parasites de l'homme conduisent à des interprétations de ses migrations. Dans des coprolithes (excréments) humains, datés de 7 000 ans environ, retrouvés sur le site préhistorique brésilien de Pedra Furada, on a ainsi

1. Chronique du 29 novembre 2004.

2. Reed D. L., Smith V. S., Rogers A. R., Hammond S. L. et Clayton D. H., 2004, « Molecular genetic analysis of human lice supports direct contact between modern and archaic humans », *Public Library of Science (PLoS), Biology*, 2 (11), 340.

découvert des œufs de nématodes, *Ancyclostoma*, d'origine asiatique. Comme les embryons de ce ver ne peuvent supporter des températures inférieures à 10 °C, on en a déduit que, si ces préhistoriques Brésiliens sont arrivés d'Asie, comme les autres Amérindiens, par le détroit de Béring, les températures de ces régions devaient alors y avoir été beaucoup plus élevées qu'aujourd'hui. Ou alors il a fallu que ces gens soient arrivés par une autre route que celle de la Béringie...

Pour le moment cependant, la parasitologie des Amérindiens contemporains plaide en faveur de l'origine transpacifique des premiers peuplements de l'Amérique. On a, par exemple, trouvé sur des populations contemporaines d'Amérique une mycose (la pierre noire), une dermatomycose (la teigne imbriquée), une parasitose intestinale, un typhus (le typhus murin) et bien d'autres infections encore venant chaque fois d'Asie orientale, du Sud-Est asiatique ou d'Océanie...

La lecture de l'environnement[1]

La lecture de l'environnement est essentielle pour comprendre l'histoire des êtres vivants et de leurs adaptations. C'est ce qui m'a fait, il y a trente ans, proposer l'assèchement des tropiques, consécutif à un rafraîchis-

1. Chronique du 21 juin 2004.

sement de la Terre, comme raison de l'émergence de l'homme[1]. Quand on a découvert des fruits fossiles d'*Antrocaryon*, grands arbres de la forêt équatoriale, datant de 3 millions d'années au sud de l'Éthiopie, on n'a pas eu à se poser beaucoup de questions pour imaginer un décor arboré bien arrosé, même s'il ne s'agissait que de forêts riveraines de cours d'eau. Quand, sur ces mêmes sites, on a recueilli un très grand nombre de pollens de *Celtis* et d'*Acalypha*, plantes indicatives d'humidité, datant d'il y a 2,5 millions d'années, mais aucun reste de ces mêmes plantes il y a 2 millions d'années, alors qu'on recueillait dans ces niveaux quantité de pollens de *Myrica*, plante indicative de sécheresse, on n'a pas eu non plus de peine à imaginer une diminution de l'humidité entre 2,5 millions et 2 millions d'années – c'est d'ailleurs pour cette même raison qu'à la même époque, les *Alcelaphini* et les *Antilopini*, antilopes de grands espaces découverts, pauvres en eau, succèdent aux *Tragelaphini* et aux *Neotragini*, antilopes de brousse et de broussailles...

Tout comme les fruits, les pollens ou les antilopes, les mollusques fossiles peuvent nous aider dans nos tentatives de reconstitution de l'environnement. Martin Pickford l'a montré avec des paysages ougan-

1. Coppens Y., 1975, « Évolution des hominidés et de leur environnement au cours du Plio-Pléistocène dans la basse vallée de l'Omo en Éthiopie », *C. R. Acad. sc.*, 281, série D, p. 1693-1696.

dais vieux de 20 millions d'années[1] : la présence de bivalves *Etheriidae* et *Mutelidae* lui a ainsi permis de faire couler des rivières rapides aux eaux claires et bien oxygénées, celle de gastéropodes *Maizamiidae* de planter une forêt humide dans les environs, celle de gastéropodes *Vertiginidae* d'aménager de larges clairières bien ouvertes. Bien sûr, de telles analyses reposent sur les préférences écologiques actuelles de chacune des espèces envisagées, sur la signification de telle ou telle association, sur la fréquence de telle ou telle espèce dans telle ou telle association. Le postulat de base est que les préférences actuelles sont restées comparables aux préférences des époques étudiées – ce qu'on nomme l'actualisme. L'exercice en vaut néanmoins la peine, car c'est tout de même grâce à ces petites coquilles qu'on est parvenu en Ouganda à reconstituer un décor vieux de 20 millions d'années, avec des espaces découverts et des forêts denses, et un décor d'autant plus intéressant qu'il est celui dans lequel évolue l'hominoïdé *Ugandapithecus*, un des rameaux de notre propre famille.

Il n'y a pas d'être vivant sans environnement et pas de raison d'évolution, c'est-à-dire d'adaptation, sans changement de climat et, donc, d'environnement.

1. Pickford M., 2004, « Mollusques terrestres et paléoenvironnements des dépôts à Hominoïdes du Miocène inférieur du Napak (Ouganda) », *Annales de paléontologie* 90, p. 1-12.

On mesure par là l'importance de la reconstitution des paléo-environnements et de la recherche des éléments susceptibles de servir cette reconstitution – les fruits, les pollens, les ossements de vertébrés, les coquilles, etc.

L'environnement des humains en quatre dates[1]

Il y a 3 millions d'années, la Terre frissonne, et ce rafraîchissement se traduit sous les tropiques, et les tropiques d'Afrique en particulier, par une sécheresse sévère. Pour s'adapter à ce changement climatique, l'un des préhumains qui s'agitent dans la savane se fait Homme, c'est-à-dire un être bipède doté d'un gros cerveau et d'une mâchoire à manger de tout. Préhumains d'avant et humains d'alors font partie de l'écosystème tropical africain. Ils ont subi l'augmentation de la température et la diminution de l'humidité, au même titre que leurs voisins éléphants, cochons, chevaux ou antilopes, et ils se sont efforcés d'y trouver une réponse adéquate – en l'occurrence, une locomotion plus efficace, un régime omnivore et une « dissuasion intellectuelle » en réponse à leur vulnérabilité dans un paysage découvert.

1. Chronique du 14 juin 2004.

Il y a 10 000 ans, la dernière glaciation est en train de s'achever. Le climat s'adoucit : le Proche-Orient, l'Afrique saharienne et bien d'autres régions voient pousser les graminées en abondance. Ces graminées, l'homme va s'en nourrir et c'est pour mieux les cueillir qu'il s'arrête, se fixe, se sédentarise, qu'il construit ses premiers villages. Et c'est parce qu'il est désormais fixé et sédentaire, qu'il va bientôt songer à semer au lieu de simplement cueillir. De cette sécurité alimentaire découle le grand « paléo-baby-boom » qui, pour la première fois, fait passer l'humanité de quelques centaines de milliers d'individus à une bonne dizaine de millions. L'homme n'a, cette fois, pas eu à subir biologiquement le choc climatique : il a réagi culturellement en imaginant comment s'adapter de manière intelligente et délibérée.

Au XIX*e siècle* se produit une autre révolution culturelle, celle que l'on nomme industrielle, laquelle conduira ensuite aux révolutions électroniques que nous connaissons, qui allient consommation et communication. Cette révolution-là va entraîner une nouvelle explosion démographique. Pour la première fois, les êtres humains se comptent en milliards. Depuis qu'il a eu l'audace de taper de manière consciente et volontaire sur un caillou pour en changer la forme, l'homme n'a pas cessé d'agir sur l'environnement pour son propre profit. Le développement accéléré des technologies et l'accroissement exponentiel des effectifs n'arrangent rien : deux siècles plus tard, l'homme prend conscience du fait que c'est peut-être lui qui, en transformant la planète, en change du même coup les climats de manière grave, voire irréversible, et, surtout, cette fois, à son désavantage.

En 2003, le président de la République française commande à votre serviteur une charte de l'environnement pour la Constitution française, charte qui pourrait servir de modèle au monde entier. On ne sait certes pas bien quelle est la part de l'action de l'homme dans la transformation du climat qui s'esquisse. Et c'est précisément la raison pour laquelle, en appliquant le principe de précaution, cette charte a été écrite. Après avoir été remise au président de la République, après être passée devant le Conseil d'État, le Conseil des ministres, l'Assemblée nationale et le Sénat, elle pourrait entrer dans la Constitution aux côtés et au même titre que les Droits de l'homme de 1789, les droits économiques et sociaux de 1946, pour le meilleur de l'homme, de son environnement, de son économie et de sa société[1].

1. La Charte de l'environnement est effectivement entrée dans le préambule de la Constitution française à la suite du vote favorable du Congrès réuni à Versailles le 28 février 2005 : *Rapport de la commission Coppens de préparation de la Charte de l'environnement*, ministère de l'Écologie et du Développement durable, 2005, 54 p.

Rien n'est stable[1]

Le climat bouge, comme il a toujours bougé ; cela inquiète beaucoup l'humanité qui s'était installée dans ses frontières, ses paysages, ses côtes, son économie, son confort[2]. Tous les astronomes, astrophysiciens, géologues, paléontologues, préhistoriens de la Terre savent depuis toujours que rien n'est stable (pas plus dans l'Univers que sur la Terre, pas plus pour les faunes et les flores que pour l'humanité et ses cultures). Ils savent que la situation actuelle, dite interglaciaire, ne peut durer éternellement, pas plus que ne peut durer *Homo sapiens* avec son allure d'aujourd'hui.

Jusqu'à présent, les humains, avec leur vie et leur mémoire courtes, n'en avaient pas véritablement pris la mesure, laissant aux scientifiques l'étude des longues durées et leur romantisme. Mais des signes visibles, sensibles, brutaux se sont manifestés – tempêtes méchantes, canicules anormales, fonte de glaciers ou de banquise. Le bousculement de nos douces habitudes inquiète tout à coup.

---

1. Chronique du 3 janvier 2005.

2. Un congrès intitulé *Climats, cultures et sociétés aux temps préhistoriques* s'est tenu à l'Institut de France en septembre 2004 ; un autre congrès appelé celui-là *L'Homme face au climat* s'est déroulé la même année, mais en octobre, au Collège de France. Un dossier de *La Recherche* (nouvelle formule de la revue) traite, par ailleurs du risque climatique : collectif novembre-décembre 2004-janvier 2005, *Les Dossiers de la Recherche* 17, 100 p.

Il n'est pas dans mon propos d'évaluer le bien-fondé, réel ou réellement excessif, de cette crainte. Il est dans mon rôle, en revanche, de rappeler que l'homme est né d'un changement climatique et d'une adaptation réussie à ce changement il y a 3 millions d'années. L'actualité vient de nous rappeler, par ailleurs, s'il en était besoin, qu'il y a seulement 20 000 ans vivait sur la petite île de Flores, en Indonésie, une espèce humaine pygmée, car tout simplement adaptée, comme n'importe quel autre vertébré, par la réduction de sa taille, à son environnement insulaire...

Malgré nos cultures et nos technologies, nous restons des êtres vivants, soumis pour le moment aux lois de la biologie et à la pression, ou du moins à une certaine pression, de l'environnement. Alors, oui, en effet, le climat bouge. En dix ans, la mer est montée de 2,8 millimètres par an ; en cent ans la Terre a vu sa température augmenter de 0,6 °C. Les gaz à effet de serre, notamment le gaz carbonique, semblent y être pour quelque chose, et les cultures humaines sont parmi les principaux émetteurs de ce gaz carbonique.

Soyons donc vigilants. Protégeons notre environnement pour nous protéger nous-mêmes. De toute façon, le climat va changer et *Homo sapiens* aussi, mais n'en précipitons pas l'échéance avant de savoir dans quel sens il nous faut agir. Cela pourrait être à nos dépens.

Le climat change[1]

Depuis que l'on nous répète que le climat bouge et que l'homme est l'auteur de ce changement, notre société semble prendre conscience de l'instabilité des choses et s'y intéresser. Comme les géologues, les paléontologues, les archéologues le savent depuis toujours, c'est d'ailleurs leur métier, rien n'est stable ni sur la Terre ni dans l'Univers : la période interglaciaire dans laquelle nous nous trouvons ne s'est pas installée pour l'éternité avec ses paysages figés, que l'homme participe ou non à sa transformation. Mais revenons un peu en arrière.

Sait-on, par exemple, qu'il y a 600 millions d'années, la Terre était presque entièrement couverte de glaces ?

Sait-on que, pendant 3,5 milliards d'années, la vie était uniquement aquatique et qu'il a fallu un important retrait des eaux, réquisitionnées par des glaciers, pour que, entre 400 et 500 millions d'années, des plantes s'installent pour la première fois sur les continents, suivies par des invertébrés et bientôt des vertébrés qui ont alors inventé la respiration pulmonée ?

Sait-on que les marsupiaux, comme les kangourous, sont nés en Amérique et les mammifères à pla-

1. Chronique du 16 août 2004.

centa en Europe ? Qu'à partir de leur berceau, les uns et les autres se sont répandus à travers le monde, les marsupiaux en direction de l'Europe, mais aussi de l'Amérique du Sud, de l'Antarctique et de l'Australie alors reliés, tandis que les mammifères placentaires gagnaient l'Amérique du Nord et l'Amérique du Sud, mais pas au-delà, car l'ensemble Antarctique-Australie s'était alors séparé de l'Amérique ? C'est la raison pour laquelle l'Australie n'est peuplée que de mammifères à poche...

Sait-on qu'il a fallu une importante glaciation, la dernière en date, pour vider le détroit de Béring entre 30 000 et 50 000 ans et pour que l'homme puisse enfin découvrir l'Amérique ? Et qu'il a fallu un dégel ensuite, il y a quelque 10 000 ans, pour qu'il atteigne peu à peu, par le nord du Canada, la grande île du Groenland[1] ?

Sur terre, on étudie l'histoire de la répartition des continents et des mers, l'histoire de la succession des sédiments, l'histoire de la succession des animaux et

1. Voir, sur la paléoclimatologie, le passionnant numéro thématique de *Géosciences* de juin 2004, publié par l'Académie des sciences de l'Institut de France : Berger A. et Duplessy J. C. (éd.), 2004, « La paléoclimatologie », *C. R. Géosciences*, 336, n° 7-8, Elsevier, Paris, 595-750. Dirigé par deux grands noms de la climatologie, André Berger de Louvain et Jean-Claude Duplessy de Paris, on y trouve d'étonnantes lectures des climats du passé grâce aux enregistrements de la terre, de la mer et des glaces, éclairage des transformations climatiques auxquelles on peut s'attendre dans les siècles à venir et sur leurs implications.

des plantes. Au fond des mers, on effectue le prélèvement de tout ce qui s'est accumulé et nous renseigne sur l'évolution de la température de l'eau, sa salinité, sa ventilation, tous ces éléments dépendant de la circulation globale de l'océan aux époques concernées. Quant aux sondages pratiqués au travers des 3 000 mètres de glace au Groenland ou en Antarctique, ils livrent la composition de l'atmosphère des 500 à 800 derniers milliers d'années, décrivant la succession des climats que la Terre a connus durant cette période.

Comment, après une histoire aussi instable, pourrait-on imaginer une stabilisation soudaine de la géographie et des climats de notre jolie planète ?

Comment tuer sans risques[1]

L'homme chasse depuis qu'il est homme et il a bien dû manifester depuis aussi longtemps, au moins de temps en temps, son agressivité vis-à-vis de ses voisins ou de ses « visiteurs ». Il s'est donc ingénié depuis 3 millions d'années ou presque à peaufiner ses armes et à faire en sorte qu'elles soient de plus en plus efficaces tout en assurant de mieux en mieux la sécurité de leur porteur. Il est évident que l'usage de poisons a

1. Chronique du 20 décembre 2004.

dû rapidement participer à ce double exercice. Le travail que nous analysons ici concerne les poisons végétaux de nos pays de latitude moyenne.

Dans les pays tempérés, il existe une bonne dizaine de plantes toxiques redoutables. Citons l'aconit napel, l'aconit tue-loup, l'aconit féroce, la vératre, l'ellébore, la jusquiame, la saponaire, le populage, la calla des marais, mais aussi certaines espèces d'anémones et d'euphorbes[1]. Ces poisons végétaux aux effets effroyables ont sans nul doute été utilisés pour la chasse ou la guerre depuis les temps préhistoriques.

Le but, pour tout tireur, est évidemment de tuer vite pour vaincre, s'il s'agit d'ennemis, ou bien ne pas perdre le gibier blessé, s'il s'agit de chasse. Si les plantes qu'il utilise n'ont qu'un effet urticant, vésicant ou anticoagulant, le gibier pourra être consommé sans problème. Mais lorsque les plantes sont terriblement toxiques, comme les alcaloïdes des racines d'aconit (aconitine) ou les alcaloïdes des rhizomes de vératre (vératrine), et ont une action immédiate sur les centres nerveux – contraction, vomissements, paralysie, hypertension, collapsus cardiaque et mort –, mieux vaut ne pas oublier que ces poisons se sont accumulés de manière parfois

1. Surmely F. et Pigeaud R., 2004, « Les poisons préhistoriques », *Archéologia*, 416, p. 40-46.

très tenace dans la viande convoitée et qu'il convient de la traiter par le feu ou par l'eau avant de s'en régaler...

À l'époque, comme chez bien des peuples aujourd'hui, le poison devait se présenter sous forme de pâte épaisse, pour être plus facilement appliqué sur la pointe de la flèche, du harpon ou de la sagaie, propulsé grâce à l'épieu, au javelot, à la lance. Il faut attendre à peu près 20 000 ans pour que le tir s'allonge grâce au propulseur et à l'arc. Il y a de fortes chances pour que l'ajout de poison, depuis toujours, dans les pièges par exemple, se soit développé encore davantage à ce moment-là, pour mieux assurer l'arrêt du gibier dans sa course ou sa fuite. Il n'est malheureusement pas possible d'être plus précis, les traces de ces poisons n'ayant pour le moment jamais été retrouvées. Mais la préhistoire autorise l'exercice de l'imagination raisonnée et raisonnable.

La tribologie[1]

La tribologie est la science de l'utilisation d'objets, dents ou os, comme des outils et des armes. C'est, par suite, la science de la reconstitution de cette utilisation, de sa durée, de son intensité, des compor-

1. Chronique du 8 mars 2004.

tements et des gestes qui l'ont accompagnée, etc.[1]. Les passionnants problèmes de la recherche sur l'origine des matières premières employées par les hommes préhistoriques ainsi que sur l'exploitation et la circulation de ces matières, sous leur forme brute ou manufacturée, s'inscrivent donc aussi dans le vaste cadre de cette discipline. Prenons un exemple, celui de la circulation de l'obsidienne, jolie roche volcanique noire, au Proche-Orient entre 12 000 et 3 000 ans avant Jésus-Christ, à partir de trois sources principales situées en Iran, en Turquie et dans le Petit Caucase ; peu fréquente sur les sites les plus anciens sauf bien sûr les sites les plus proches des carrières, cette superbe roche volcanique acide devient beaucoup plus présente à partir de 10000 avant Jésus-Christ, grâce, semble-t-il, à l'établissement d'un réseau d'échanges fonctionnant sur des distances de plusieurs centaines de kilomètres ; et puis ce réseau, durant les derniers millénaires étudiés, va voir se développer sur ses routes, de véritables marchés, centres de traitement de la matière et relais pour une redistribution des objets qui y étaient fabriqués.

En Bretagne, a été conduite, il y a quelques décennies, une recherche comparable, mais à la

1. Collectif, 2004, « La tribologie », *Dossiers d'archéologie* 290, 86 p. C'est l'excellent article de Christine Chataigner qui y traite de la circulation de l'obsidienne.

démarche inverse, puisque c'était des objets aux carrières qu'avait été parcouru le chemin. Au cours de l'inventaire des haches de pierre polie du massif armoricain, avait en effet été noté que plus de 70 % d'entre elles étaient en roches basiques, dolérite ou amphibolite et 50 % de celles-là en métadolérite dite du groupe A. Eh bien, l'établissement de leur répartition géographique, du Cotentin à la Gironde, et du gradient de leur fréquence de plus en plus importante d'est en ouest a mené les chercheurs aux carrières. C'est à Plussulien dans les Côtes d'Armor que l'une d'entre elles a été trouvée. Aux fossés d'extraction à ciel ouvert, étaient associés des ateliers qui semblent avoir fonctionné deux millénaires (de 4000 à 2000 avant Jésus-Christ), et qui ont révélé toute la chaîne de fabrication des haches, de la sortie du bloc à son dégrossissage et du bouchardage du bloc retouché au polissage des objets qui en étaient dégagés.

Un lot particulier de haches d'apparat à tranchant double et en forme de bateau avait alors aussi beaucoup attiré l'attention, car toutes ces pièces (on en avait compté à peu près 120, des Pays-Bas à la Garonne) étaient apparues fabriquées dans la même roche. Des carottages (discrets) au cœur des objets avaient appris qu'en effet, elles avaient été toutes taillées dans une sorte de chlorito-amphibolite plusieurs fois métamorphisée qui avait été appelée métahornblendite. Cette fois encore, en remontant le chemin du gradient de fréquence des points de découverte de ces objets, les chercheurs (dont j'étais) sont arrivés à la région où affleure une roche polymétamorphique comparable et où devait se trouver la carrière et sans doute la fabrique : il s'agit de la région de Pleuven, dans le Finistère encore.

Quelques méthodes utilisées par la paléoanthropologie, la biogéochimie, la génétique et la démographie[1]

Bien des gens se demandent comment font les préhistoriens pour parvenir aux résultats qu'ils assènent comme si ces résultats avaient été aisément vus ou lus[2]. Or il ne s'agit ni de facilité ni de magie, mais de recherches, parfois compliquées d'ailleurs, faisant

1. Chronique du 4 juillet 2005.

2. Dutour O., Hublin J.-J. et Vandermeersch B. (éd.), 2005, *Origine et évolution des populations humaines*, Comité des travaux historiques et scientifiques, Paris, 2 vol., 452 p. Le premier tome porte sur l'origine et l'évolution des populations humaines ; le second sur les objets et les méthodes en paléoanthropologie, depuis l'anatomie comparée jusqu'aux statistiques et à l'imagerie 3D. De façon ironique, le volume sur les origines et l'évolution montre en couverture une perspective allant de la reconstitution du plus ancien hominidé en gros plan au plus récent au fond, tandis que le volume sur les méthodes fait l'inverse, plaçant le crâne d'*Homo sapiens* en premier plan, mais ceux des australopithèques et consorts en dernier...

appel à des pratiques mathématiques, physiques, chimiques, etc.

Citons la biogéochimie isotopique qui permet la reconstitution de l'alimentation des hommes fossiles. Révélée par le carbone 13 et l'azote 15, elle décrit, par exemple, l'introduction de la consommation du maïs dans l'alimentation des Amérindiens – en d'autres termes, les débuts de l'économie de production il y a 7 000 ans en Amérique. En Europe, c'est parfois le passage d'une alimentation à base de fruits de mer à une alimentation franchement terrestre qui signe le même tournant de la prédation à la production.

Citons encore la paléogénétique qui repose sur le décryptage de l'ADN nucléaire ou mitochondrial. L'examen de régions particulières de l'ADN mitochondrial a notamment permis d'établir des rapports évidents de filiation entre Amérindiens et Asiatiques du Nord-Est, confirmant au moins un des peuplements de l'Amérique par le détroit de Béring.

Citons la paléodémographie qui fait feu de tout bois – le comptage des sites archéologiques qui permet l'identification des zones utilisées comme refuges par Cro-Magnon pendant les grands froids de la dernière glaciation ou la prise en compte de la diversité des outillages lithiques réalisés, laquelle témoigne d'une plus grande diversité de peuplements, etc.

Science et mythologie[1]

Depuis des millénaires, les récits de rencontre avec des « êtres étranges, velus, ni animaux ni hommes », encombrent la littérature de quantité de peuples sur Terre. Qu'ils se nomment yetis, almastys, kaptars, alnabs, sasquatches, ces abominables hommes des neiges ou des forêts, qui apparaissent tantôt dans des journaux de voyage, tantôt dans des récits mythologiques, divise encore la communauté des chercheurs.

Il y a quelques années, le docteur Marie-Jeanne Koffmann est ainsi revenue du Caucase avec des centaines de témoignages – et la science s'en est montrée très émue. « Il faut guetter les almastys la nuit près des champs de chanvre quand celui-ci mûrit, lui avait raconté un habitant du Caucase occidental. Le chanvre, ils adorent ça ; ils en mangent beaucoup et circulent dans tout le champ en s'empiffrant de grappes de graines... ils aiment aussi beaucoup les pastèques... » « Rentrant chez moi, lui avait déclaré un autre habitant, je décidai un jour de couper à travers champ ; à peine eus-je quitté le chemin que je tombai sur les restes d'un almasty dévoré par les loups... armé d'un bâton, j'examinai la tête, elle était enveloppée de che-

1. Chronique du 25 août 2003.

veux très longs, très emmêlés, le front était fuyant, le nez, petit, sans racine, très enfoncé dans le visage, les pommettes saillantes, les lèvres droites et minces, le menton arrondi et lourd, les yeux fortement bridés, la peau noire couverte de poils... » « Les almastys venaient, toujours très tôt le matin, près de notre abri, lécher les morceaux de sel gemme que nous avions ramassés, lui avait encore assuré un autre ; ils sont velus, leur poil est foncé, ils ne savent pas parler, ils ne font que marmonner... »

Comment, après des récits aussi naturels, ne pas croire en l'existence de cet être, primate dans ses traits, hominidé dans son port, grand singe adapté à la bipédie qui, devant la concurrence des hommes, aurait pu changer de niche écologique ? Après tout, le coelacanthe, devant la concurrence de petits poissons plus rapides et plus efficaces, n'a pas fait autre chose, mais au lieu de monter dans la montagne, comme l'a fait l'almasty, lui, est descendu dans les profondeurs de l'océan Indien. Les ethnologues ont cependant rappelé à Mme Koffmann que tous les mythes et toutes les traditions orales du Caucase sont depuis longtemps peuplés d'almastys : les habitants ont sans doute l'impression de les rencontrer comme les Bretons croisent la nuit sur leurs landes les korrigans de leurs contes[1]...

---

1. Un jeune chercheur du Muséum national d'histoire naturelle de Paris, Jordi Magramer, en mission au Pakistan, n'en a pas moins perdu la vie

C'est une dépêche (août 2003) annonçant le départ d'une expédition scientifique japonaise pour l'Himalaya à la recherche du yeti qui m'a incité à soulever ce problème très sérieux de la prise en compte de sujets douteux tant qu'il n'a pas été démontré qu'ils n'ont pas de réalité tangible.

---

pour avoir tenté d'éclairer un peu, aussi scientifiquement, sincèrement et sérieusement que Marie-Jeanne Koffmann, le problème des hommes sauvages ou, du moins, de certains hommes sauvages. Je salue sa mémoire et rends hommage en même temps au travail de tous ces cryptozoologues courageux.

Chapitre 9

TRANSVERSALES

Le patrimoine enfoui[1]

Il a toujours été difficile de faire prendre conscience de l'existence du patrimoine archéologique enfoui, c'est-à-dire le patrimoine qui n'est pas immédiatement visible, et de le faire, par suite, respecter. Certes, dès 1913, une loi s'est intéressée aux monuments historiques visibles et, dès 1941, une autre loi, s'appliquant aux fouilles archéologiques, a établi la nécessité d'obtenir un permis pour les pratiquer, mais il a fallu attendre 1976 pour qu'un rapport sur l'archéologie soit officiel-

1. Chronique du 15 mars 2004. En février 2004, la *Revue des deux mondes* a consacré sous le titre « L'archéologie, la passion de l'origine », une série de neuf articles d'un extrême intérêt où l'on voit naître le mot « archéologie », évoluer sa conception en fonction de l'histoire de ses praticiens et se construire la discipline telle qu'on la connaît aujourd'hui. Nous ne nous intéresserons ici qu'à l'excellent historique proposé par Jean-Paul Demoule, président de l'INRAP, l'Institut national des recherches archéologiques préventives, institut nouvellement créé pour veiller sur tous les remue-ménage de sol et de sous-sol français, soit, m'a dit l'auteur, 25 m^2 par seconde : Demoule J.-P., 2004, « Le donquichotisme français. Regard sur le confucianisme contemporain », *Revue des deux mondes*, n° 2, Paris, 192 p.

lement commandé par le gouvernement, 2001 pour qu'une loi sur l'archéologie préventive soit promulguée et d'ailleurs très vite amendée et, enfin, 2003 pour que soit créé un institut de recherches préventives. C'est pourtant sous nos pieds que se trouvent nos archives, et il est simple de comprendre que seule la lecture de ces archives, par excellence non renouvelables, permet la reconstitution du passé dont l'archéologie est chargée.

Tant de gens, pourtant, se passionnent pour l'histoire de l'humanité, l'identité d'une région, la phylogénie d'une espèce, la généalogie d'une personne, le passé de chacun et de tous ! Pourquoi, alors, l'enseignement s'y intéresse-t-il si peu ? Pourquoi le financement de l'archéologie est-il aussi dérisoire ? Pourquoi continue-t-on à se moquer de l'image de l'archéologue, cette pauvre créature condamnée à recueillir avec d'infinies précautions le plus petit os brisé, le plus mauvais chicot, le plus pitoyable tesson ?

L'archéologie, pourtant, c'est comme le chinois, ça s'apprend ! Avant que ses synthèses et ses fresques ne fascinent ses consommateurs, avant qu'elles ne rendent l'ancrage de prestige aux nations, avant qu'elles n'alimentent les discours et sans doute souvent les convictions des politiques, il a fallu que l'archéologie se construise, pas à pas, pièce par pièce, par ce travail difficile et ingrat de la fouille, de la collecte et de son interprétation. « Quand tu ne sais plus où tu vas, retourne-toi et regarde d'où tu viens », dit un proverbe sénégalais. J'ajouterais volontiers : « Mais tu ne verras rien si l'archéologue n'est pas là derrière toi pour dessiner les images de ton passé... »

Que suggérer alors pour améliorer la conservation de ce patrimoine, le travail des chercheurs et, par suite, le bilan de ce travail ? Tout d'abord, expliquer le principe, les méthodes, les résultats de la science archéologique aux enfants dès l'école maternelle. Il n'est pas difficile d'intéresser les jeunes enfants à cette enquête fascinante et c'est la manière la plus efficace de changer à terme les mentalités. Ensuite, rédiger une « charte de l'archéologie » qui, dans l'immédiat, avant que les mentalités ne soient transformées, porte à une norme supérieure les règles et les lois régissant la recherche archéologique préventive, d'urgence ou pas. Et puis, bien sûr, encourager paléontologues, préhistoriens, archéologues à faire connaître, comme ils le font déjà, leurs recherches, leurs techniques et les conclusions auxquelles ils pensent aboutir. Il n'y a pas de demain sans hier.

Dictionnaires et encyclopédies[1]

Il n'est pas de culture humaine sans mythe d'origine. C'est évidemment la raison, ou, du moins, l'une des raisons pour lesquelles la préhistoire, au

1. Chronique du 27 décembre 2004.

sens large du mot, fascine. Certaines périodes de l'histoire sont, en outre, plus inquiètes que d'autres et, dans ces moments-là, l'être humain est particulièrement sensible à ce proverbe wolof qui recommande de s'arrêter et de regarder d'où l'on vient quand on ne sait plus où l'on va. Notre époque, peut-être pour cette raison-là, s'intéresse beaucoup à la préhistoire, et les préhistoriens, évidemment, s'en réjouissent.

Il nous faut ainsi saluer la sortie d'un nouveau dictionnaire due à l'initiative courageuse de Denis Vialou[1], professeur au Muséum national d'histoire naturelle, entouré d'une quinzaine de collaborateurs : 5 600 entrées totalisant près de 1 500 pages précédées par 170 pages de mise en place du propos, composent ce bel édifice susceptible d'informer les curieux, de plus en plus nombreux, de nos recherches, de nos méthodes, de nos résultats. Les précédentes tentatives françaises avaient été celle, collective, menée dans le cadre de l'*Encyclopedia Universalis* et celle d'André Leroi-Gourhan, conduite en fait par José Garanger, professeur à l'université de Paris-I-Panthéon-Sorbonne.

1. Vialou D. (éd.), 2004, *La Préhistoire. Histoire et dictionnaire*, Robert Laffont, « Bouquins », Paris, 1 631 p. Pour les précédentes tentatives françaises : collectif, 1999, *Dictionnaire de la préhistoire*, Encyclopædia Universalis/Albin Michel, 1 120 p. et Leroi-Gourhan A., 1988, *Dictionnaire de la préhistoire*, PUF, 1 222 p.

On dit souvent que la France est le pays où est née la préhistoire. La France est d'abord un pays très riche en sites préhistoriques. C'est, en outre, et peut-être pour cela, un des pays qui se sont les premiers intéressés à ce patrimoine ancien et caché de l'humanité pour en reconstituer l'histoire – il n'est pas inutile de rappeler, par exemple, que ce sont les grands sites français de Chelles, Abbeville, Saint-Acheul, Levallois, Le Moustier, Aurignac, Solutré, La Gravette ou encore La Madeleine qui ont offert leurs noms aux principales cultures de cette partie du monde. Les dictionnaires français sont, par suite, plus volontiers des dictionnaires des cultures de l'homme d'avant, de ses outillages et de ses modes de vie que des dictionnaires de l'homme lui-même, sujet que traite la paléoanthropologie ou la paléontologie humaine. Pour ces dernières disciplines, il vaut mieux aller aux États-Unis chercher l'*Encyclopedia of Human Evolution and Prehistory* avec Ian Tattersall comme premier auteur pour l'édition de 1988 et Eric Delson pour celle de 2000[1].

1. Tattersall I. *et al.* (éd.), 1988, *Encyclopedia of Human Evolution and Prehistory*, Garland Reference Library of the Humanities, vol. 768, Garland Publishing, 603 p. et Delson E. *et al.* (éd.), 2000, *Encyclopedia of Human Evolution and Prehistory*, 2e édition, Garland Publishing, 753 p.

Pas de tête bien faite sans tête bien pleine[1]...

Le premier système nerveux connu date d'environ 1 milliard d'années. À partir de là, il évolue vers plus de complexité et de perfectionnement, enchaînant les étapes qui sont autant d'étages[2]. Les étages du dessous restent inchangés ou presque, tandis que celui du dessus, l'écorce, le fameux cortex, qui recouvre les autres et les enveloppe, ne cesse d'évoluer.

Une ébauche de cortex est déjà présente chez les premiers mammifères et des hémisphères cérébraux chez les primates, mais, avec les préhumains, des facteurs anatomiques et posturaux nouveaux apparaissent, préparant le changement fondamental qui va caractériser l'homme : la station debout, la position verticale de l'axe du crâne et de la colonne vertébrale, la bipédie, la transformation du bassin, et leurs conséquences probables : la descente du larynx, la libération des mains, l'accroissement du volume du cerveau et du crâne et le déclenchement prématuré de l'accou-

1. Chronique du 6 octobre 2003.

2. Houdart R., 2002, *Le Cerveau de l'hominisation. Du primate à l'homme*, Maïade, La Nouaille, Lamazière-Basse, 160 p. Ce joli petit livre sur l'histoire du système nerveux est dû à la plume claire et brillante du Dr Raymond Houdart, neurochirurgien, professeur et membre de l'Académie nationale de médecine.

chement avant la complète maturité du cerveau. La modification de l'appareil bucco-laryngé s'accompagne de la courbure de la face inférieure de la base du crâne et de la plus grande mobilité de la langue chez *Homo habilis*, le concepteur des premiers outils il y a 2,5 millions d'années. Toutefois, langage et pensée ne semblent liés de manière indissociable que chez *Homo erectus*, son descendant, chez qui les dimensions du cerveau du fœtus, pour la première fois, entraînent la mise au monde précoce du nouveau-né. À partir de cette interruption de la vie fœtale, survenue donc pour des raisons purement mécaniques, le cerveau du petit homme aura tout à apprendre et, plus important, sera en mesure de le faire. La conscience de la conscience caractérisera *Homo sapiens*, lequel continue encore aujourd'hui, et pourquoi pas demain, à faire progresser sa prodigieuse capacité d'apprendre, le véritable propre de l'homme.

De cet enchaînement logique, anatomique et fonctionnel, reposant sur la démonstration scientifique, quelles conclusions tirer ? Que l'histoire du cerveau s'inscrit naturellement dans la continuité de l'histoire de la vie. Dans cette histoire, le cortex, particulièrement important, est devenu une véritable machine à apprendre. La qualité d'analyseur de ce cortex dépend des éléments qu'il a enregistrés, c'est-à-dire de la mémoire. À l'encontre de Montaigne, on peut s'amuser à conclure qu'il faut une tête bien pleine pour avoir une tête bien faite...

Le langage[1]

Il est évident que le cerveau, la main, l'outil et le langage ont fonctionné en réseau, se stimulant les uns les autres et participant, à terme, parce qu'ensemble, à l'accélération du développement de la pensée et de son produit : la culture[2]. Aborder la question du langage, c'est nécessairement examiner l'anatomie du larynx, du pharynx et de la bouche (pour sa faisabilité), l'anatomie du cerveau (pour sa commande et sa gestion) et, aussi, analyser les objets réalisés par la culture de la personne que l'on étudie (pour estimer son degré de nécessité).

Les travaux qui sont présentés ici, dans le volume 6 de la revue *Primatologie*, concernent tous la facette mécanique du système du langage, son origine gestuelle tout à fait convaincante, le fameux problème de la parole des néandertaliens, qui n'en est pas un, l'application de ce savoir à la robotique, magique et rassurante, etc. Mais les raisonnements indirects à

1. Chronique du 27 juin 2005.

2. *Primatologie*, 2005, volume 6, sur l'origine du langage, problème fondamental dans l'histoire de l'homme (important dossier de plus de 150 pages).

partir des outils, relevant plus de la préhistoire que de la primatologie, ne sont, par contre, pas abordés dans ce dossier.

J'aurais pourtant tendance, en ce qui me concerne, en « utilisant » les outils, à accorder la parole aux hominidés dès qu'ils manifestent le désir de changer la forme des objets – ils en parlent entre eux – et, à plus forte raison, lorsque, ayant retenu une de ces premières formes parce qu'elle s'est révélée plus efficace que les autres, ils l'adoptent, la reproduisent et, donc, l'enseignent. Même si leur expression est alors simple, elle peut et doit déjà être articulée. C'est donc vers 3 millions d'années que je fixe cette innovation.

Quant à savoir si des humains d'hier, les Neandertal, éteints vers 30 000 ans, habiles tailleurs, brillants chasseurs, curieux collectionneurs, respectueux de « l'avenir » de certains de leurs défunts, constructeurs donc d'un au-delà dans leur conception du monde, ont eu ou pas la parole, cela m'est toujours apparu comme une question indécente, un propos à la limite raciste visant les « gens d'avant », comme d'autres visent les « gens d'ailleurs ».

Quelques leçons de la préhistoire[1]

Le site de Melka Kunturé, près d'Addis-Abeba, nous permet de suivre l'évolution des différents types d'hommes préhistoriques qui l'ont fréquenté depuis 1,5 million d'années, mais aussi l'évolution de leurs cultures et de leurs comportements. Il apparaît que, si les hommes préhistoriques – *Homo habilis, Homo erectus, Homo sapiens* – se sont d'abord succédé plus vite que leurs cultures, la tendance s'est inversée à partir de 100 000 ans, donnant nettement l'avantage à la culture. Reconstitués d'après la répartition des restes découverts sur les sols d'habitat, les comportements de ces hommes marquent, quant à eux, toujours le pas, que ce soit sur l'évolution naturelle ou sur l'évolution culturelle : de tout temps, les mentalités ont été plus difficiles à faire évoluer que les technologies...

Autre observation que nous offre la préhistoire : le besoin de maturité sociale pour que soit acceptée l'application de certaines découvertes. On le sait, l'homme préhistorique a mangé cru et fabriqué ses outils au percuteur dur, c'est-à-dire pierre sur pierre, pendant des centaines de milliers d'années, et puis, vers 500 000 ans, un certain niveau de maturité a dû

1. Chronique du 6 juin 2005.

être atteint par les sociétés d'*Homo erectus*, car elles ont, en même temps, et ce n'est pas un hasard, découvert et accepté la maîtrise du feu, employé la taille beaucoup plus performante de la pierre au percuteur tendre (os ou bois sur pierre) et inventé l'éclat Levallois, soit le meilleur éclat susceptible d'être extrait d'une pierre après l'application d'un programme d'une douzaine de coups bien définis. De la même manière, l'homme préhistorique d'il y a 25 000 ans (gravettien) a compris les intéressantes propriétés que présente l'argile cuite par rapport à la simple terre glaise, mais il lui faudra attendre 15 000 ans pour que sa société soit prête à retenir cette découverte et à l'appliquer à la fabrication de contenants, la poterie, fabrication qui n'a pas cessé depuis. De la même façon encore, mais plus près de nous, la population française est tellement bien installée, depuis des siècles, dans sa langue, ses humeurs et, après bien des vicissitudes, ses limites qu'il n'est pas surprenant qu'il lui faille un peu de temps, de maturation, pour concevoir le tissage de nouveaux liens avec l'Europe, même si cette péninsule est incontestablement son berceau historique et culturel.

Le raz de marée[1]

L'homme descend du monde animal. Jusqu'à l'émergence de la conscience, ce monde animal fait évidemment partie intégrante de la nature ; il vit en elle, il vibre avec elle, il reçoit et interprète ses signaux en fonction de la capacité de lecture de ses espèces. Cela s'appelle l'inné (génétique). S'y ajoute un certain acquis épigénétique, qui enrichit l'instinct des leçons de la vie.

Quand la conscience apparaît, quand advient le libre arbitre, un écran de connaissances s'intercale entre la nature et l'homme. Au lieu de réagir instinctivement aux messages que lui envoie la nature, l'homme se met à les analyser culturellement, le plus souvent du moins, et à apprécier du même coup la manière d'y répondre. Évidemment, ce changement ne s'est pas fait du jour au lendemain, la situation s'est installée progressivement, tout au long des 3 millions d'années d'existence de la conscience, au fur et à mesure du développement de la connaissance.

L'homme est ainsi devenu un mammifère libre et responsable certes, mais un mammifère domestique – domestiqué par lui-même, mais domestiqué tout de même (assisté). Qu'on en juge : lorsque le 26 décem-

1. Chronique du 31 janvier 2005.

bre 2004, un tremblement de terre sous-marin, au large de Sumatra, a provoqué un spectaculaire raz de marée sur les côtes indonésiennes, sri-lankaises et thaïlandaises, l'événement a été dramatique pour les hommes, alors qu'il a presque été inoffensif pour les animaux : les poissons sont partis vers le large ; les éléphants, les singes et les chauves-souris (en plein jour qui plus est !) sont partis vers la montagne.

On peut se demander comment, en leur temps, face à de telles circonstances, qu'ils ont forcément connues, *Homo habilis, Homo rudolfensis, Homo ergaster* ou *Homo erectus* ont réagi. Nous n'en saurons sans doute jamais rien, mais il est probable que les plus anciens de nos ancêtres, parce qu'ils étaient encore très soumis aux fluctuations de leur environnement et qu'ils faisaient partie intégrante de leur écosystème, percevaient et comprenaient les alertes que la nature leur envoyait, ne serait-ce qu'en l'observant. Quand on voit comment *Homo erectus* a subi à Flores, au même titre que n'importe quel autre vertébré, la pression de l'environnement insulaire – il s'est tout de même changé en Pygmée de 1 mètre de haut –, on peut légitimement considérer que les hommes qui nous ont précédés étaient, encore très récemment, très imprégnés de nature. La culture, qui est vieille de plus de 3 millions d'années, n'est devenue dominante qu'il y a quelques centaines de milliers d'années, peut-être moins, et elle nous a incontestablement rendus un peu sourds.

Précisons par ailleurs, pour tous ceux qui s'intéressent aux langues étrangères, qu'un raz de marée, en japonais, mais en japonais seulement, se dit tsunami !

La Société préhistorique française[1]

Le 7 décembre 1903, le Dr Paul Raymond et le Pr Émile Rivière proposent à Paris les statuts de la Société préhistorique française, initiative reprise et entérinée le 6 janvier 1904[2], à Bonnieux, dans le Vaucluse, par cinq autres préhistoriens. Désormais sur rails, la société tiendra son premier congrès à Périgueux en 1905 et sera déclarée d'utilité publique en 1910.

Quelque cent ans plus tard, où en est-on ? La préhistoire n'est certes pas qu'une science française, mais elle a tout de même toujours trouvé en France d'éminentes personnalités pour la servir. Qu'on pense à Arambourg, Bordes, Boucher de Perthes, Brezillon,

1. Chronique du 1er décembre 2003.

2. L'année 2004 était donc l'année du centenaire cette société qui a compté dans ses rangs, outre tous les préhistoriens français, amateurs et professionnels (ce qui a toujours été sa force), de très nombreux collègues de très nombreuses nations. En France, une soixantaine de musées et d'associations de préhistoire ont célébré l'événement par des colloques, des conférences, des projections, des expositions, des visites de sites ou des excursions. C'est à Avignon que s'est officiellement réuni le Congrès du centenaire, c'est-à-dire le 26e congrès de la Société préhistorique française. Le thème en était : un siècle de construction du discours scientifique en préhistoire.

Cartailhac, Déchelette, Lartet, Leroi-Gourhan, de Mortillet, Piette, de Saint-Perrier ou Teilhard de Chardin ; par décence, je ne cite pas les préhistoriens vivants, très jeunes ou moins jeunes et aussi bons... Qu'on pense, de même, aux différentes époques préhistoriques, et aux différents sites français qui leur ont servi d'appui pour en faire des références dans le monde entier : abbevillien, acheuléen, aurignacien, chatelperronien, chelléen, gravettien, magdalénien, levalloisien, moustérien, périgordien, solutréen...

La préhistoire à la Société préhistorique française est souvent un terme général qui recouvre un certain nombre de disciplines. L'étude des restes humains, par exemple, se nomme volontiers paléontologie humaine ou paléoanthropologie ; l'étude de l'environnement des hommes anciens, paléontologie ou, plus précisément, paléontologie animale ou paléontologie végétale, mais aussi paléo-écologie ou paléoclimatologie ; l'étude des cultures humaines, préhistoire (lorsqu'il s'agit des populations humaines qui ont précédé la découverte et la pratique de l'écriture) ou protohistoire (lorsque l'on parle des populations humaines qui n'ont pas l'écriture mais qui sont contemporaines de populations qui l'ont et qui, elles, par suite sont entrées dans l'histoire). Or quelle que soit la sous-discipline envisagée, la France a bel et bien eu une part pionnière dans la construction de cette science qu'elle continue à porter très haut.

L'Odyssée de l'espèce[1]

Lors de sa première diffusion en janvier 2003, le film *L'Odyssée de l'espèce* a été suivi par 9 millions de téléspectateurs en première partie de soirée, soit autant que la Coupe du monde de football en 1998. Comment expliquer un succès à ce point exceptionnel ?

Il est vrai que la question de l'origine de l'homme et de son évolution a toujours intéressé le grand public, du moins un certain grand public. C'est une question qui le concerne et le renvoie aux interrogations fondamentales qui sont celles de tout être humain ayant pris conscience de sa nature, de son origine et de sa destinée (le fameux « qui suis-je ? d'où viens-je ? où vais-je ? »). En témoignent, chacun à leur manière, depuis maintenant deux siècles, les débats autour des idées de Darwin, les discussions sur le statut de l'homme de Neandertal ou sur celui du pithécanthrope, l'engagement de la Fondation Rockefeller dans la recherche de l'homme de Pékin, la difficile reconnaissance de l'existence d'un préhumain africain ou, plus récemment, l'incroyable succès de Lucy, « paléostar » des années 1970 et les coups de feu médiatiques mondiaux autour

1. Chronique du 10 novembre 2003. Le documentaire *L'Odyssée de l'espèce*, mis en scène par Jacques Malaterre et produit par Transparences, 17 juin Productions et France 3, a été couronné par le 7 d'or de sa catégorie ; j'en étais le directeur scientifique.

des découvertes d'ardipithèque, d'Abel, d'Orrorin ou de Toumaï, dans les années 1990 ou 2000.

Le terrain était donc bien préparé, certes, mais aucune conférence, aucun film, aucun CD-rom sur ces sujets, aussi passionnants soient-ils, n'avait jusqu'à présent renoncé à la présentation de ces preuves, toujours un peu rudes, que sont les ossements et les dents, seuls matériaux dont disposent les paléontologues. Le documentaire *L'Odyssée de l'espèce* a, lui, osé le faire, et c'est sans doute là l'une des clés de son succès.

Pas de préhistoriens, donc ; rien que des préhistoriques. Ainsi sont apparus, peut-être pour la première fois, en reconstitution 3D pour les périodes les plus anciennes et en chair et en os masqués pour les périodes suivantes, les hommes préhistoriques eux-mêmes, dans leurs activités quotidiennes, leurs amours, leurs émotions, leurs joies, leurs peines, leurs réflexions, leurs découvertes. Et ces humains d'un autre âge sont devenus, pour la première fois, réels, étonnamment proches de chacun de nous. Ils ont peut-être aussi, pour la première fois, été reconnus, admis dans l'ascendance de bien des familles pour lesquelles, jusque-là, le langage des préhistoriens restait technique et abstrait – langage intéressant, sans doute, mais langage d'experts... Souhaitons longue et belle vie à *L'Odyssée de l'espèce* et souhaitons-lui aussi beaucoup de suites, d'émules, de reprises, qui corrigeront ses imperfections, ses maladresses, ses erreurs.

Un film pionnier ne peut échapper aux défauts de sa nature[1].

Entre Éducation et Culture[2]*...*

Il y a désormais, au Musée des antiquités nationales de Saint-Germain-en-Laye, une galerie entièrement rénovée consacrée au Paléolithique – le Paléolithique est cette période de la préhistoire, anciennement appelée « âge de la pierre taillée », qui remonte aux premiers outils il y a plus de 3 millions d'années et s'étend jusqu'à la fin de la dernière glaciation il y a une dizaine de milliers d'années. L'inauguration de cette nouvelle galerie s'est, bien sûr, accompagnée de multiples événements (conférences, films, ateliers, théâtre), organisés en deux temps, le premier consacré à la version littéraire de la préhistoire (l'adaptation théâtrale du roman de l'auteur anglais Roy Lewis *Pourquoi j'ai mangé mon père* par la compagnie du théâtre des Trois-Gros, par exemple) et le second à sa version scientifique. Cette manifestation intitulée *Sciences, fables et énigmes de la préhistoire* a fait venir beaucoup de monde à Saint-Germain-en-Laye, attirant enfin mieux l'attention sur ce musée exceptionnel, qui est sûrement

1. Je tiens aussi à rendre ici un vibrant hommage au talent du réalisateur, Jacques Malaterre, metteur en scène et directeur d'acteurs d'exception.
2. Chronique du 25 octobre 2004.

l'un des plus riches du monde. Je l'ai déjà dit, ce musée est celui des Antiquités nationales, des Antiquités françaises, mais, comme la France est une terre agréable, elle est peuplée depuis très longtemps et, à partir du moment où elle l'a été, elle n'a plus cessé de l'être. C'est donc un pays préhistoriquement très fécond. Le musée de Saint-Germain-en-Laye avait d'ailleurs, dès 2001, déjà rénové ses salles du Néolithique et de l'âge du bronze, tout aussi riches que celles du Paléolithique.

De manière curieuse, rappelons que la préhistoire du monde ou, pour être exact, du reste du monde est traitée ailleurs, au Musée de l'Homme qui, comme chacun sait, appartient au Muséum national d'histoire naturelle. Ce qui signifie que, en France, la préhistoire du monde dépend du ministère de l'Éducation nationale, alors que la préhistoire du territoire national dépend du ministère de la Culture !

Sciences, fables et énigmes de la préhistoire[1]

Si le Musée des antiquités nationales de Saint-Germain-en-Laye présente, tout au long de l'année, la plus belle collection française de préhistoire et une

1. Chronique du 15 août 2005. Nous nous permettons ici de reprendre le titre de la manifestation organisée au Musée des antiquités nationales de Saint-Germain-en-Laye en 2005.

des plus importantes au monde, il offre aussi, de façon plus ponctuelle, pendant un mois, le déjà fameux « mois de la préhistoire », toutes sortes de conférences, de rencontres, de débats, de films ou d'expositions temporaires. Du 17 septembre au 29 octobre, les rencontres seront des conférences de scientifiques, mais aussi des débats sur les héritages – ce que doivent les préhistoriques aux cultures encore plus préhistoriques que les leurs ou ce que nous devons nous-mêmes à nos ancêtres préhistoriques – ou encore des rendez-vous avec des auteurs de fictions préhistoriques. Quant aux expositions, elles porteront sur les chefs-d'œuvre préhistoriques du Périgord[1] et sur une bande dessinée, celle d'Emmanuel Roudier, *Vohouna*.

On ne peut que saluer ces courageuses et toniques initiatives du Musée des antiquités nationales qui s'efforce ainsi d'honorer la préhistoire dans toutes ses facettes, scientifiques naturellement mais aussi imaginaires, pour mieux circonscrire la discipline, l'expliquer et en expliquer les divers débordements raisonnés, raisonnables, passionnés ou fantaisistes. Un court métrage de Marguerite Duras, traitant des figurations de mains négatives sur les parois des grottes, œuvre littéraire par excellence, sera abondamment projeté dans la salle

1. C'est le nouveau et brillant Musée national de préhistoire du Périgord, aux Eyzies-de-Tayac, qui a eu à présenter le premier, par courtoisie, cette exposition à ses visiteurs de l'été, alors que la plupart des collections sont celles de Saint-Germain-en-Laye.

d'exposition temporaire tout le temps de ce mois de la préhistoire au Musée des antiquités nationales...

Un été archéologique dans le Morbihan[1]

La municipalité de Carnac a inauguré ses « Grands Rendez-Vous », grands rendez-vous avec ses administrés et avec ses touristes, et qui devraient avoir lieu désormais tous les deux ans. Le tout premier s'est appelé Lucy à Carnac et a consisté en l'installation d'une exposition sur l'histoire de l'homme, ouverte dans les salons de la mairie et en quelques projections, dans un cinéma de la plage, du film *L'Odyssée de l'espèce*. L'exposition, tout à fait à jour, raconte, à l'aide de panneaux originaux, illustrés de textes écrits et de scènes peintes pour la circonstance, de quelques maquettes, d'un certain nombre de pièces osseuses et de pierres taillées et, bien sûr, de Lucy à la fois en os et reconstituée, le parcours des dix derniers millions d'années de notre histoire, celle des préhumains, Toumaï, Orrorin, Lucy et autres australopithèques, et puis celle des humains, des premiers *Homo habilis* africains aux *Homo ergaster, erectus* et *sapiens*, avec l'exception néandertalienne. On notera la présence de pièces exceptionnelles que l'on ne voit en général pas :

1. Chronique du 19 juillet 2004.

un des crânes d'*Homo georgicus*, un peu *habilis*, un peu *erectus*, de 1,8 million d'années, de Géorgie, par exemple ou des outils de 700 000 à 800 000 ans d'*Homo erectus* de Java.

Si vous passez par Carnac, ne manquez pas cette exposition. Ne manquez pas d'ailleurs non plus la visite du Musée préhistorique de Carnac, lui aussi municipal et voisin de la mairie. C'est certainement un des musées les plus riches qui soient en objets néolithiques ! Il présente, en outre, une exposition temporaire originale, sur sa propre histoire et un certain nombre d'animations pour les enfants et les parents, ateliers du mercredi, visites nocturnes du samedi, goûters du dimanche et démonstrations de taille de pierre et d'allumage de feu, sans allumettes.

À Plouharnel, tout près de Carnac, est à nouveau ouverte, à l'Hôtel du Commerce, l'exposition de photographies de monuments mégalithiques réalisée entre 1870 et 1895 par l'archéologue Félix Gaillard, dont j'ai déjà évoqué le nom plus haut dans ces pages. Enfin, le château de Suscinio, sur la presqu'île de Rhuys, à l'est du golfe du Morbihan, présente une exposition du Conseil général du département, appelée *Mémoire de pierre* qui raconte l'histoire de la préhistoire et l'évolution de ses connaissances.

Les monuments mégalithiques eux-mêmes sont à découvrir seul, en circuit découverte ou en randonnée pédestre ; la visite du musée archéologique de la Société polymathique du Morbihan à Vannes ou celle des vingt hectares du parc de préhistoire de Malansac, achève de faire de ce passage dans le Morbihan une grande leçon de paléontologie, de préhistoire et de protohistoire.

Le même été archéologique en Dordogne[1]

L'été, en bien des endroits de France, la préhistoire est donc à l'honneur. Réjouissons-nous-en, car il n'est de meilleure compréhension de notre monde et de sa destinée que par l'éclairage de son passé. Nous serons cette semaine en Dordogne, plus précisément en ce haut lieu de la préhistoire qu'est la jolie ville des Eyzies-de-Tayac. Le Musée national de préhistoire qui s'y est ouvert sous la direction de Jean-Jacques Cleyet-Merle, dont je tiens à saluer ici le travail et son aboutissement, est particulièrement somptueux par ses collections et leur nouvelle présentation. En amont, il convient de rendre hommage aux Rencontres des Eyzies. Tels les Entretiens de Saint-Césaire en Charente-Maritime qui en sont à leur troisième édition ou les Grands Rendez-vous de Carnac dans le Morbihan, les

1. Chronique du 26 juillet 2004.

Rencontres des Eyzies, proposées par l'association Pôle international de la préhistoire, se sont efforcées de réunir des personnalités de grande qualité pour offrir aux spectateurs des débats de haute tenue. Elles y sont parvenues parfaitement, en réunissant, sur le thème général de l'homme et l'animal, des paléontologues, des préhistoriens, des archéozoologues, mais aussi des ethnologues, des écrivains, des conteurs. Ces brillantes tables rondes ont eu lieu tantôt à l'auditorium du musée, tantôt sous un chapiteau au bord de la Vézère, la rivière de Cro-Magnon. Et ce n'est pas fini ! L'été, les Nocturnes de l'Abri Pataud et du Musée national de préhistoire, qui se partagent tous deux la fameuse falaise des Eyzies-de-Tayac, invitent les visiteurs de ce merveilleux pays à sept soirées exceptionnelles, où d'éminents scientifiques discourent et débattent sur les plus anciens préhumains, les plus anciens hommes, les premiers peuplements de l'Afrique et de l'Asie.

Cinq passions, cinq ambitions[1]

C'est à Paris, dans le décor grandiose et surprenant de la Conciergerie, qu'ont été officiellement remis les prix Rolex 2004 à l'esprit d'entreprise. Cinq

1. Chronique des 4 et 11 octobre 2004.

grands lauréats et cinq lauréats associés s'y sont partagé 675 000 dollars. Cinq de ces dix lauréats, quatre grands et un associé, avaient des passions rapportables aux disciplines que nous traitons ici, ce dont, évidemment, nous nous sommes réjouis (j'étais dans le jury !).

Commençons par David Lordkipanitze, héritier, dans son pays, la Géorgie, d'un site préhistorique extraordinaire, Dmanissi, qu'on date de 1,8 million d'années. Ce site a livré depuis 1991 des restes de ses occupants, leurs outillages et leurs débris de cuisine (les ossements de leurs gibiers...). Je rappelle que l'homme, né en Afrique tropicale, est sorti pour la première fois d'Afrique par le Proche-Orient avant de se lancer à la découverte de l'Eurasie. Ce témoignage de Géorgie est, pour le moment, le plus ancien jalon connu de ce parcours conquérant qui a conduit le genre humain de son berceau vers le reste du monde. Outre la poursuite des fouilles, David Lordkipanitze entend protéger ce site déjà dégagé et en rendre la visite possible, associant ainsi recherche, conservation et éducation, ce qui est tout à fait dans l'esprit des « Rolex Awards ».

Un autre prix de paléontologie a été attribué à Teresa Manera de Bianco. Cette universitaire argentine a découvert le site ichnologique de Pehuen Co, vieux de 12 000 ans et situé sur la côte atlantique de son pays. L'ichnologie est la science des empreintes et, à Pehuen Co, un affleurement de silt de 3 kilomètres de long sur 30 mètres de large a conservé des milliers de traces de passage de quantité d'espèces animales, oiseaux et mammifères, dont 35 ont été, pour le moment, identifiées. L'Amérique du Sud ayant souvent fonctionné comme une île, ses habitants ont pu prendre des formes et des dimensions originales et inattendues. C'est le cas des grands édentés qui ont parcouru ce limon à l'époque où la mer était plus basse et plus lointaine, des mégatheriums lourds de 4 tonnes ou des glyptodons à la carapace rigide. Mais on trouve aussi, plus banales, des empreintes de mastodontes, de camélidés, de chevaux, de flamants ou de mouettes. Teresa Manera voudrait sauver sa dalle, menacée par la mer, le sable, les hommes et leurs véhicules tout terrain ; elle voudrait aussi continuer à l'explorer tout en la préservant, en en faisant un parc et en en moulant de grands segments. Et c'est un autre bel exemple qui lie connaissance, protection et instruction.

Parlant de protection, voyons cette fois deux lauréates qui se ressemblent, la Suissesse Claudia Feh qui s'occupe très activement de celle des chevaux de Prewalski et l'Américaine Jo Thompson qui œuvre à celle des bonobos. Le cheval de Prewalski est un animal à la longue encolure et au ventre lourd, qui fait partie de la grande faune glaciaire de l'époque du mammouth et du rhinocéros laineux. On le trouve, pour cette raison, représenté, et en couleurs, sur les murs de Lascaux par exemple il y a environ 18 000 ans. Encore présent il y a une quarantaine d'années dans les vastes steppes de Mongolie, il n'y avait plus que les zoos pour en détenir quelques représentants. Claudia Feh a donc eu l'idée, et l'énergie, de faire sortir des zoos quelques-uns de ces chevaux prisonniers, de les lâcher sur le plateau du Causse Méjean et, après les y avoir à nouveau habitués à la liberté, de les convoyer par avion jusqu'à leurs grands espaces mongols oubliés. Douze sont déjà arrivés et, paraît-il, très contents. L'Américaine Jo Thompson, elle, se débat avec courage et détermination pour sauver, en République démocratique du Congo, les êtres qui nous sont incontestablement les plus proches dans l'ensemble du monde vivant, les bonobos, que l'on appelle aussi, mais à tort, les chimpanzés nains. Ces animaux, nos petits cousins, sont en effet souvent chassés ou capturés et leur habitat, la forêt marécageuse, est très menacé. Jo Thompson qui a déjà créé une réserve de 34 km^2 voudrait l'agrandir à 300 : en effet, s'ils perdent leur niche écologique si particulière, les bonobos, qui sont un peu le miroir de notre histoire, disparaîtront à jamais.

Dernière personne figurant sur cette liste d'exception : Lonnie Dupré. Ce sportif américain passionné par les pays du Grand Nord vit dans le Minnesota, mais ne cesse de fréquenter les confins arctiques du Canada et le Groenland dont il a déjà fait le tour en kayak. Et c'est en kayak précisément, et à ski, qu'il souhaite parcourir la calotte polaire, du dernier cap des territoires russes au bout de la presqu'île sibérienne du Taymir, jusqu'aux terres dites d'Ellesmere, au nord-est du Canada, en passant, bien sûr, par le pôle. Outre l'exploit sportif incontestable que cela représente, à plus forte raison l'été, Lonnie Dupré veut, ce faisant, contribuer à la prise de conscience de la réalité du réchauffement climatique. Désormais, et on le croit pour l'avoir vu, ce qui d'habitude, même l'été, est gelé (la banquise) ne l'est en effet plus autant ni en étendue ni en épaisseur.

Le sol et le sous-sol français[1]

Quelques chiffres d'abord : le territoire de la France, sans doute peuplé depuis 2 millions d'années, l'est partout de manière perceptible depuis seulement 500 000 ans, mais ces 500 000 ans d'occupation des sols représentent tout de même 20 000 générations et

1. Chronique du 10 janvier 2005. Voir le très beau « beau livre » publié chez Hazan, sous la direction de Jean-Paul Demoule, directeur de l'INRAP : Demoule J.-P. (éd.), 2004, *La France archéologique. Vingt ans d'aménagement et de découvertes*, Hazan, 256 p. En dehors de l'intérêt de toutes les découvertes présentées, expliquées, illustrées, découvertes d'ailleurs plus étonnantes les unes que les autres, ce livre aidera le lecteur à prendre conscience des merveilles qu'il a sous les pieds et de la nécessité d'en sauver au moins l'essentiel.

des millions de sites. Présenté ainsi, on comprend mieux que 350 000 sites archéologiques aient déjà pu être inventoriés et que de nombreux autres apparaissent régulièrement. On le comprend encore mieux lorsqu'on sait que les travaux de construction et d'aménagements variés du territoire français représentent 20 à 25 m^2 du sol remué à chaque *seconde*, soit la surface d'un terrain de foot toutes les quatre minutes (ce qui, j'avoue, ne me dit pas grand-chose) et 700 km^2 tous les ans (ce qui, j'avoue, ne me dit pas grand-chose non plus, sinon que c'est très important) !

Les politiques successives d'archéologie de sauvetage et maintenant d'archéologie préventive se sont, heureusement, efforcées de voler au secours ou, mieux, d'aller au-devant de toutes ces découvertes fortuites. Voici quelques extraits de ce vivier de trouvailles que nous procurent régulièrement les quelques dizaines d'archéologues répartis sur quelque 2 000 chantiers annuels – archéologues dont nous sommes heureux, à cette occasion, de saluer le courage, la passion, la compétence, l'excellence du travail et la qualité des résultats. Nous sommes dans l'Yonne, à Soucy, et c'est un habitat vieux de 300 000 ans qui nous offre un merveilleux tableau de chasse de 70 grands herbivores – chevaux, aurochs, cerfs élaphes ou mégacéros. Puis, c'est le village néolithique de Bercy, vieux de 6 000 ans, qui nous livre des bâtiments, des palissades, des pirogues, mais aussi des milliers d'objets en bois, en os, en pierre ; c'est encore une rue de Lemonum, aujourd'hui Poitiers, qui nous fait découvrir ses boutiques de bronzier, forgeron, dinandier, marchand de céramiques telles qu'elles étaient installées à la fin du IIIe siècle après Jésus-Christ. Mais il y a aussi le palais du roi wisigoth Théodoric II, vieux de 1 500 ans, à Toulouse ; la synagogue de 800 ans de Lagny-sur-Marne ; et puis, tous ces soldats allemands de Thélus, près d'Arras, qui avaient gardé dans leurs poches, pipes, allumettes, crayons, lampe de poche, chapelet, porte-monnaie et quelques journaux paroissiaux de chez eux millésimés 1915... Le patrimoine archéologique n'est pas renouvelable, et c'est lui qui écrit notre histoire. Alors respectons-le, respectons l'archéologie, même la plus humble et respectons les archéologues.

Quand les scientifiques se fédèrent[1]

Du Cern, Centre européen pour la recherche nucléaire, on a souvent, et à juste titre, vanté, et on continue de le faire, l'exemplarité d'une initiative internationale, dont le principe – l'union fait la force – était simple, mais pas simple à mettre en œuvre, surtout avec des scientifiques. Toutes proportions gardées, deux paléoanthropologues américains, Francis

1. Chronique du 8 novembre 2004.

Clark Howell et Tim White, tous deux professeurs à Berkeley en Californie, ont lancé une initiative de même nature – toutes proportions gardées, en effet, car la traque de l'infiniment passé coûte infiniment moins cher que celle de l'infiniment petit et n'a pas, non plus, les mêmes retombées, du moins à court terme. Toujours est-il que, pour la première fois dans l'histoire de nos disciplines, une centaine de scientifiques du monde entier, américains, canadiens, français, anglais, espagnols, grecs, danois, suédois, allemands, géorgiens, turcs, tchadiens, éthiopiens, sud-africains, kényans, japonais, membres de soixante-quatre institutions différentes, ont accepté de se réunir sous la bannière du programme RHOI – Revealing Hominid Origins Initiative, que l'on peut traduire par « Révélation des origines des hominidés » – de la National Science Foundation[1]. Les 2,5 millions de dollars attribués à ce programme de cinq ans ont été consacrés à associer les efforts de recherche, sur le terrain et en laboratoire, des équipes qui travaillent notamment sur la période préhumaine de 8 à 4 millions d'années – celle qui a vu sortir de terre l'*Ardipithecus* éthiopien, l'Orrorin kényan et le *Sahelanthropus* tchadien.

Très ouvert sur la participation et sur les objectifs, RHOI est un modèle du genre par la qualité de son organisation – gestion financière, équipements et,

1. Je suis un des six rapporteurs du programme.

bien sûr, résultats, enregistrés le plus rapidement possible dans une banque de données immédiatement accessible sur un site web. Les Analytical Working Groups qui ont été mis en place sont des sortes d'équipes spécialisées dans divers domaines, comprenant chacune un coordinateur et des membres – il y a, par exemple, l'équipe qui s'occupe des hominidés, celle qui se consacre aux carnivores, celle qui travaille sur les oiseaux, les girafes ou encore les chameaux, mais aussi celle qui est en charge de l'écologie comparée de ces animaux, celle de la géochronologie, celle des isotopes stables ou encore celle des images électroniques.

Cette courageuse tentative de fédération méritait d'être saluée. Beaucoup d'entre nous y avaient pensé, mais n'avaient jamais franchi le pas – pour reprendre la formule de Clark Howell, c'était comme réunir des chevaux sauvages et tenter de les faire avancer ensemble dans la même direction...

Où aller fouiller[1] *?*

Chaque année à la belle époque, de nombreux jeunes gens, passionnés d'archéologie et gourmands de la pratiquer, se demandent comment faire pour participer à des chantiers de fouilles. Il faut savoir

1. Chronique du 24 mai 2004.

d'abord que, pour fouiller sur le territoire français (France et départements d'outre-mer), il est nécessaire d'avoir un permis, lequel sera accepté, ou non, par une commission d'experts du ministère de la Culture. En revanche, si on veut travailler sur un territoire étranger, le permis sera accordé – ou pas – par le pays en question, mais les crédits ou partie des crédits pourront être demandés à une commission adéquate du ministère français des Affaires étrangères.

Or la revue *Archéologia* publie chaque année, au printemps, non pas la liste des chantiers de fouilles français en France et à l'étranger, mais la liste des chantiers demandeurs de fouilleurs[1]. Un survol de l'offre en 2004 fait, par exemple, apparaître près de 200 chantiers, la plupart en France, quelques-uns à l'étranger – en Belgique, en Israël, en Égypte ; 22 concernent le Paléolithique, 5 le Mésolithique, 42 le Néolithique, 2 l'âge du bronze, 22 l'âge du fer, 31 l'époque gallo-romaine, 49 des époques médiévales. C'est évidemment une chronologie grossière, mais le détail des demandes permet de savoir, en fonction des intérêts de chacun, que le Paléolithique envisagé sera plutôt l'Acheuléen ou l'Aurignacien, le Néolithique plutôt une nécropole mégalithique ou un éperon barré, l'âge du fer, un *oppidum*, un habitat ou une exploitation de sel, le gallo-romain, un théâtre, un

1. Collectif, 2004, « Les chantiers de fouille », *Archéologia*, 411, p. 73-85.

sanctuaire ou des thermes, le médiéval, des mines d'argent, une motte, un château ou une abbaye.

Les archives des paléontologues, préhistoriens, archéologues étant dans le sol et le sous-sol, l'apprentissage du terrain est essentiel à quiconque se destine à une de ces disciplines. Et rien ne vaut un chantier pour apprendre la manière d'appréhender un niveau, un objet, un objet par rapport à d'autres, un sol et son interprétation, ou pour ressentir la force de l'émotion quand une information vous arrive du temps. Fouillons, mais fouillons bien : ce qui est fouillé ne se refait plus. C'est assurément une excellente façon d'assouvir son goût pour la recherche, la découverte, la déduction, l'hypothèse de travail, sans oublier, surtout, l'imagination...

Petit terroir, grande histoire[1]

Même un très petit terroir peut offrir suffisamment de restes identifiables, si on sait les interpréter, pour permettre d'y raconter toute l'histoire préhistorique, protohistorique et historique d'un coin du monde[2]. Pour le montrer, nous avons retenu le canton d'Outar-

1. Chronique du 22 mars 2004.

2. Voir le joli petit livre bien illustré de Philippe Marinval et Marie-Christine Marinval-Vigne (frère et sœur) : Marinval P. et Marinval-Vigne M.-C., 2003, *Au fil du temps en Beauce, Archéologie du canton d'Outarville, Loiret*, éditions Patrimoine insolite, 125 p.

ville, un simple canton de Beauce. De très élégants outils bifaciaux, ceux d'Aschères-le-Marché par exemple, y trahissent les premiers peuplements, vieux, sans doute, de quelques centaines de milliers d'années ; les hommes sont alors des prénéandertaliens qui ne vont faire que se néandertaliser davantage en produisant ces outillages plus diversifiés, plus élaborés, qu'on appelle Moustérien, comme à Bazoches-les-Gallerandes, Tivernon ou Attray.

La steppe occupe alors toute la Beauce et les troupeaux de mammouths, rhinocéros laineux, bisons, rennes s'y promènent sans contrainte. Et puis Cro-Magnon arrive avant que ces bêtes ne disparaissent et il les croque (dans tous les sens du terme, puisqu'il les consomme et les dessine). Aschères-le-Marché et Crottes-en-Pithiverais ont livré des objets de ces temps de chasse aux gros. La fin de la dernière glaciation voit pousser les forêts (c'est le Mésolithique d'Attray), que les premiers agriculteurs vont s'empresser de couper pour planter, à Jouy-en-Pithiverais par exemple. Ces pionniers de l'économie de production vont alors élever les premières architectures monumentales à leurs divinités, la Pierre Clouée d'Andonville ou la dalle d'Autruy-sur-Juine en témoignent.

La découverte des métaux, l'or, le cuivre, l'étain, le fer, s'y fait dans le sens de la maîtrise de la température qu'il convient d'atteindre pour les travailler ; des sites à Tivernon, Oison, illustrent le chalcolithique ou âge du cuivre ; d'autres à Autruy-sur-Juine, Aschères-le-Marché, Bazoches-les-Gallerandes, l'âge du bronze ; d'autres encore à Attray, Crottes-en-Pithiverais, Bazoches-les-Gallerandes, l'âge du fer et ses populations, les Carnutes et les Sénons. Comme une tache d'huile, les Romains se déploient, ensuite du sud au nord, construisent partout des villas et des routes, et voilà notre canton à la croisée des voies de Paris à Orléans et de Sens au Mans ou à Chartres. La christianisation est bientôt là, aux portes d'Outarville, ainsi que les Mérovingiens.

Et ce n'est là que l'histoire de 33 991 hectares ! Superbe exemple de l'importance, partout, de ce patrimoine enfoui que l'on ne considère en général, hélas, pas plus que les microbes avant Pasteur, parce qu'on ne le voit pas...

Une bibliographie pour terminer[1]

Le savez-vous ? Il existe une extraordinaire bibliographie des ouvrages de préhistoire appelée *Et avant, c'était comment ?*. C'est une publication en tout point exemplaire, éditée pour la troisième fois déjà par les éditions du Musée de la préhistoire du Pas-de-Calais, à Arras, sous l'autorité du conseil général de ce département. Je ne saurais trop la recommander à

1. Chronique du 17 novembre 2003.

tous les amateurs, les amoureux, de cette belle et vaste discipline qu'est la préhistoire[1].

Forte de 450 références et déclinées en 9 parties (1. Réflexions sur et autour de la préhistoire ; 2. Généralités ; plus de 6 millions d'années en quelques centaines de pages ; 3. Quelques points de repère ; 4. Un sujet à creuser ; 5. Des histoires avant l'histoire ; 6. La préhistoire en herbe ; 7. Vidéo et multimédia ; 8. Des sites d'un genre nouveau ; 9. La préhistoire dans le Pas-de-Calais), cette publication propose un tour d'horizon pratiquement exhaustif de tout ce qui est paru sur la préhistoire, la paléontologie ou la géologie du quaternaire, sur quelque support que ce soit, en France surtout mais à l'étranger un peu aussi[2]. Un grand nombre de ces parutions sont présentées, en outre, illustrées par une figuration en couleurs de leur couverture et un texte de quelques lignes d'une analyse souvent bien sentie. Je suis vraiment tout à fait admiratif de cette initiative et en même temps de la qualité de cet outil[3]...

---

1. Collectif, 2003, *Et avant, c'était comment ? Bibliographie préhistoire*, Éditions du Musée départemental de préhistoire du Pas-de-Calais, Conseil général du Pas-de-Calais éditeur, 88 p.

2. Les sujets sont abordés sous tous les angles possibles : synthèses universitaires accessibles ; romans à ambition réaliste ou ouvertement fantaisistes ; documentaires pédagogiques, de la maternelle au lycée ; bandes dessinées ; guides ou dictionnaires, ; sites Internet spécialisés ; nouveaux supports audiovisuels (DVD).

3. Souhaitant que ce document soit connu, bien plus diffusé qu'il ne l'est et salué comme il le mérite, je donne ici l'adresse postale de l'éditeur : 100, avenue Winston-Churchill, bâtiment F, 62 000 Arras.

Conclusion

Après tant de sujets si divers, j'ai trouvé pour les réunir cette bien belle déclaration d'un grand poète que j'aurais tant aimé rencontrer : « La voie la plus courte pour l'avenir est toujours celle qui passe par l'approfondissement du passé. » (Aimé Césaire, 2007.)

Je suis sûr qu'elle suffit.

Table

Avant-propos 9

Préambule. Quelques très vieux mammifères 13

Introduction
QUELQUES VIEUX PRIMATES

L'Afrique et l'Asie il y a 50 millions d'années 21
L'Espagne il y a 13 millions d'années 23

Chapitre 1
PRIMATES ET PRÉHUMAINS

Les premiers hominidés 29
L'Afrique, berceau de l'humanité 31
Toumaï, premier hominidé 33
Un nouveau ! 34
Des morceaux nouveaux d'un ancien 37
Encore un autre préhumain 39

Little Foot 41
Lucy, grimpeuse et bipède 44
Le syndrome de Lucy 47

Chapitre 2
LES TRÈS VIEUX HUMAINS

Pierre Teilhard de Chardin 51
L'homme est un coureur de fond 53
De très vieux outils d'Éthiopie 55
Comment la culture se libère de la nature 57
Les peuplements les plus anciens de l'Algérie 59
Out of Africa (1) 61
Les premiers Européens 63
L'Asie du Sud-Est 66
Les petits hommes de Flores 68
Les premiers peuplements de la Chine 70
Les premiers Chinois 72

Chapitre 3
LES VIEUX HUMAINS

La première allumette 79
Le fameux site de Zhoukoudian 81
Une petite tête 83
Les expositions de l'été 85
Un Neandertal gastronome... 87
Apprendre à s'adapter 90
Un clin d'œil de Neandertal 92
Les entretiens de Saint-Césaire 94

Neandertal l'inventeur 95
Passage à l'est 97
Neandertal et Cro-Magnon 99

Chapitre 4
LES MOINS VIEUX HUMAINS

La plus vieille parure 105
La croissance du cerveau 107
L'Ève africaine 109
Discontinuité ou continuité 111
Diversité et unification 113
Out of Africa (2) ? 115
Le corridor de Béring 117
Mammuthus 119
Tautavel 122
Yukagir 123
Peuplements d'Arctique 125
L'arrivée dans un nouveau monde 127
Le Groenland 130

Chapitre 5
LES HUMAINS MOINS VIEUX, LES SYMBOLES ET L'ART

L'avènement de la spiritualité 137
La toute première écriture 139
Et puis, un jour, l'homme qui sait qu'il sait a eu envie de le faire savoir 141
Cosquer 143
Lascaux 145

L'art mobilier 147
Les premières grottes ornées « britanniques » 149
Les expositions de gravures
et peintures rupestres de l'été 151
La dame de Haute-Garonne 153
Femmes-déesses 155

Chapitre 6
NÉOLITHIQUE

La plus vieille tombe de chat 161
La gravure des mégalithes 163
Les premières architectures monumentales du monde .. 165
Ce que nous apprennent les peintures et les gravures 168
Des peintures rupestres nouvelles en Somaliland 171
De drôles de huttes 172
Lyon avant Lugdunum 175

Chapitre 7
PROTOHISTOIRE ET HISTOIRE

Nos ancêtres les Gaulois 181
Le premier dentier 182
L'industrie du sel 184
Le vin 187
De la musique et des bateaux 189
Sous nos pieds, l'histoire 191
La capitale des Parisii ? 192
Les trompettes de Tintignac 194
L'*oppidum* de Bibracte 196
Saint-Denis et ses vestiges 199

Le changement d'ère 200
La romanisation de la Gaule 202
Quand Paris est devenu Paris 204
Les Vikings 206
De Constantin aux Mérovingiens 209

Chapitre 8
MÉTHODES

La mémoire des os 215
La paléopathologie 217
La parasitologie 220
La lecture de l'environnement 221
L'environnement des humains en quatre dates 224
Rien n'est stable 227
Le climat change 229
Comment tuer sans risques 231
La tribologie 233
Quelques méthodes utilisées par la paléoanthropologie, la biogéochimie, la génétique et la démographie 236
Science et mythologie 238

Chapitre 9
TRANSVERSALES

Le patrimoine enfoui 243
Dictionnaires et encyclopédies 245
Pas de tête bien faite sans tête bien pleine... 248
Le langage 250
Quelques leçons de la préhistoire 252
Le raz de marée 254

LE PRÉSENT DU PASSÉ

La Société préhistorique française 256
L'Odyssée de l'espèce 258
Entre Éducation et Culture... 260
Sciences, fables et énigmes de la préhistoire 261
Un été archéologique dans le Morbihan 263
Le même été archéologique en Dordogne 265
Cinq passions, cinq ambitions 266
Le sol et le sous-sol français 270
Quand les scientifiques se fédèrent 272
Où aller fouiller ? 274
Petit terroir, grande histoire 276
Une bibliographie pour terminer 278

Conclusion 281

Cet ouvrage a été composé et mis en pages
chez Nord Compo (Villeneuve-d'Ascq)
et achevé d'imprimer sur Roto-Page
par l'Imprimerie Floch à Mayenne
en avril 2009

N° d'impression : 73781
N° d'édition : 7381-1112-X
Dépôt légal : mai 2009

Imprimé en France